齋藤 哲

# 家族と法

信 山 社

# はしがき

　本書は、タイトルと同じ授業科目「家族と法」の講義案をテキストにしたものである。当初、「家族と法」は法科大学院の授業として行っていたが、本書の内容は、法律相談や授業を通して得た家事事件の当事者らや学生の関心事に向けるほか、加えて著者の関心から世間で話題になっている家族と法にまつわる問題や全く話題になっていない問題に対して、ちょっとだけ首を突っ込んだり、突っ込まなかったり、深入りしたりしなかったりしたものになっている。

　従来、家族法関係のテキストは実体法を中心とした解説が主流を占めていたが、ここでは随所において、実際に事件に直面した当事者らが求める「では、どうしたらよいの」という手続法的側面に関する解説を組み入れている。そのため、全体として体系的とは必ずしも言い難く、また取り上げる項目やその解説の濃淡が均一ではないという面は否めない。しかし、知りたいこと、知っておきたいことを内容とすることこそが本書の狙いであり、それもやむを得ないと考えている。今後、さらにアップツーデートな話題に触れながら、必要な記述と不要なものの精査調整をしていきたい。

　本書の執筆にあたり、栗原裕久弁護士（仙台弁護士会）、獨協大学法科大学院研究助手浜渕貴士君に法情報調査や校正のお手伝いをしていただいた。刊行にあたっては、『市民裁判官の研究』（信山社）に引き続き、稲葉文子さんのお力を得た。ここに厚く御礼申し上げます。

平成 29 年 2 月

齋　藤　　哲

# 目　次

# 法令名略語

| | |
|---|---|
| 家　手 | 家事事件手続法 |
| 家手規則 | 家事事件手続法規則 |
| 行　手 | 行政手続法 |
| 刑 | 刑　法 |
| 憲 | 日本国憲法 |
| 戸 | 戸籍法 |
| 児　福 | 児童福祉法 |
| 社　福 | 社会福祉法 |
| 人　訴 | 人事訴訟法 |
| ストーカー | ストーカー行為等の規制等に関する法律 |
| 生　保 | 生活保護法 |
| 民 | 民　法 |
| 民　訴 | 民事訴訟法 |
| 民　保 | 民事保全法 |
| 明　憲 | 大日本帝国憲法 |
| 配偶者暴力 | 配偶者からの暴力の防止及び被害者の保護等に関する法律 |
| 保　険 | 保険法 |

# 参考文献

秋武憲一『離婚調停』（日本加除出版）

梶村太市・雨宮則夫編集『遺産分割』（現代裁判法大系 11 巻）

梶村太一・徳田和幸『家事事件手続法』（有斐閣）

小島妙子『DV・ストーカー対策の法と実務』（民事法研究会）

裁判所職員総合検収書監修『親族法相続法講義案』（7 訂版）

社会福祉法令研究会『社会福祉法の解説』（中央法規）

飛澤知行編著『一問一答・平成 23 年民法改正』

能美善久・加藤新太郎編集『論点体系・判例民法 8〜10』

野田愛子・人見康子責任編集「家庭裁判所制度 40 周年記念　夫婦・親子 215
　　題」（判例タイムズ 747 号）

野田愛子・人見康子責任編集「家庭裁判所制度 40 周年記念　遺産分割・遺言
　　215 題」（判例タイムズ 688 号）

松川正毅ほか編集『新基本法コンメンタール人事訴訟法・家事事件手続法』（日
　　本評論社）

森川清『権利としての生活保護法』（あけび書房）

民法判例百選<3> 親族・相続(別冊ジュリスト No.225)

家族と法

# 第 1 章　家族法の話

　法社会学者川島武宜は『家庭の法律』（岩波新書、1964 年）において、冒頭、「現在行われている家族法は、戦後の昭和 23 年から施行になったものですが、これは親族・相続についての従来の民法を、根本的に改正したという意味で、非常に革命的なものです。いな、それ以上に、日本の思想史、政治史、あるいは生活史にとっても、革命的な意味をもっていると思われます。というのも、明治以来の日本の教育は、儒教的な「家族制度」の上に基礎をおいてきており、それによって、権威に対して従順な人間をつくることに努力してきました。改正前の民法の家族制度の規定は、そのことを公に表明したものだったのです。ですから、それが全面的に改正されて、「家族制度」というものが民法の規定から姿を消したということは、いわば明治以来の日本の政治及び教育の基礎がひっくり返されたことを示します。これは旧憲法が新憲法になったのと同じく、革命的なものだということができます。」と述べている。

　この本が発行されたのは約 60 年前の昭和 39 年であるが、その後、社会の変容に対応して家族法制には大きな変革がもたらされた。すなわち、代襲相続制度の見直し・相続の限定承認・放棄の見直し・特別縁故者への分与制度の新設（昭 37 年改正）、配偶者の法定相続分の引上げ・寄与分制度の新設・代襲相続制度の見直し・遺産分割基準の見直し・遺留分の見直し（昭 55 年改正）、特別養子縁組制度の導入（昭 62 年改正）、遺言の方式の見直し・成年後見制度の導入（平 11 年改正）、児童虐待防止

に向けた親権制度の見直し（平 23 年改正）、また手続法にあっては家事
事件手続法の創設（平 25 年施行）などが立法上の手当になるが、そのほ
かここ数年、民法の大改正を迫るような立法論議や最高裁による現行法
を憲法違反とする判例が続いている。

## 第1　明治憲法と旧民法

### 1　明治憲法下の民法

　明治憲法、正式には大日本帝国憲法というが、これは 1889（明 22）年
2 月 11 日（現在は「建国記念の日」）に発布され、翌年施行されている。
現行憲法、すなわち日本国憲法が公布されたのは 1946（昭 21）年で、施
行は翌年となる。日本国憲法第 3 章では、31 カ条に及ぶ国民の権利と義
務を定め、第 24 条において「婚姻は、両性の合意のみに基いて成立し、
夫婦が同等の権利を有することを基本として、相互の協力により、維持
されなければならない。配偶者の選択、財産権、相続、住居の選定、離
婚並びに婚姻及び家族に関するその他の事項に関しては、法律は、個人
の尊厳と両性の本質的平等に立脚して、制定されなければならない。」と
規定するが、プロシア憲法を模範としている大日本国憲法では、家族に
関する規定は一切置かれていなかった。

### 2　旧民法の公布施行

　旧民法が公布施行されたのは旧憲法施行後の明治 31 年である。明治 3
年、太政官（1868 年 6 月 11 日（明元）年に公布された「政体書」（明治
維新政府の目的・政府組織などを定めた法令、1868 年）に基づいて置か
れた明治政府の官庁）に制度取調局が設置され、翌（明 4）年から本格的
に日本民法の立法作業に掛かっている。明治 4 年司法卿江藤新平は、フ
ランス民法典（1804 年公布、ナポレオン民法）の翻訳を命じ、明治 6 年
には元パリ大学教授ボアソナードが招聘される。明治 12 年、民法典の起
草を委嘱され、明治 23 年、いわゆるボアソナード民法（明 23 年法律 28
号、98 号）が公布されるが、日本伝統の家父長制に反する婚姻を基調と
した個人主義的な家族制度であったため、日本古来の忠孝という儒教的

文化が損なわれてしまうという理由から政治問題に発展し、結局、施行されず終わっている。穂積八束は「民法出デテ、忠孝亡ブ」（法学新報 5号、明 24 年 8 月）においてかかる論文を発表し、日本固有の家父長制的家族制度を美俗ととらえ、近代的家族法原理を批判し、「群集心理を支配するに偉大なる効力」を発揮した(穂積陳重『法窓夜話』)といわれている。

　明治 26 年、法典調査会が設置され、起草委員に穂積陳重、富井正章、梅謙次郎らが委嘱された。法典編纂はドイツ民法典を基調とし、明治 31年、民法として公布に至る。

## 第 2　旧民（家族）法の特徴

　川島教授をして革命的と言わしめた現行民法と比較される旧民法親族編（家制度）とは何か、特徴的な部分を挙げておく。その前に、家制度とは何か、辞書を引くと「親族関係を有する者のうち更に狭い範囲の者を、戸主と家族として一つの家に属させ、戸主に家の統率権限を与えていた制度」と説明されている。しかし、これでは何のことかわからない。

### （1）家　制　度

　すべての者は「家」に帰属し、その家の長が「戸主」として、戸主権を持ち、家族を統率・扶養する義務を負った。旧法は、家族とは「戸主の親族にして其家に在る者及び其配偶者」であり、戸主に変更あるときは、「旧戸主及び其家族は、新戸主の家族とす（る）」（旧民 732 条）とし、さらに、「子は父の家に入る」、「父の知れざる子は母の家に入る」、「父母共に知れざる子は一家を創立す（る）」（同 733 条）としている。

### （2）戸　主　権

　戸主は、家族にあって絶対的であり、戸主が満 60 歳以上になり、家督（家長権）相続人が相続の単純承認をしない限り、その身分は失われることはなかった（同 752 条）。戸主が疾病、本家の相続又は再興その他已むことを得ない事由により、以降家政を執ることができないとき、戸主が婚姻により他家に入るとき、裁判所の許可を得て隠居をすることができた。但し、法定推定家督相続人がいないときは予め家督相続人である

者を定め、其承認を得なければならなかった（同753条）。

では、戸主の権利、「戸主権」とは何か。戸主と家族との関係について旧法は、（a）戸主と家族は同一の家の氏を使用し（同746条）、（b）家族は戸主の意に反してその居所を定めることはできず（同749条）、（c）家族が自己の名において得た財産はその家族の財産であるが、戸主又は家族のいずれに属するか分からない財産は戸主の財産と推定され（同748条）、（d）婚姻又は養子縁組をするときは戸主の同意を必要とした（同750条）。他方、戸主は家族に対して扶養義務を負った（同747条）。

（3）親　　権

「親権（子に対する権力）」と戸主権とは異なる。では親権はどのように理解されているのであろうか。親権は父にあり、父が分からないとき、死亡したとき、失踪したとき、親権行使ができないときに限り、母に帰属した（同877条）。

親権の内容としては、（a）未成年の子に対する監護教育をする権利義務（同879条）、（b）居所指定権（同880条）—ただし、家族は戸主の意に反して其居所を定めることはできず、家族がこれに違反して戸主の指定した居所にいない間、戸主は扶養義務を免れた。戸主は相当期間を定め指定場所に居所を転ずべき旨を催告でき、家族が催告に応じないとき、家族が未成年者でない限り、戸主は離籍することができた、（c）徴兵に対する許可権（同881条）、（d）懲戒権（同882条）、（e）職業に対する許可権（同883条）、（f）財産管理権（同884条）などであった。

（4）夫　　権

さらに旧法には妻に対する夫の「夫権（妻に対する夫の権力）」が存在した。婚姻年齢は男満17歳以上、女満15歳以上（同765条）とし、配偶者の重婚を禁止（一夫一婦制）していたが（同766条）、実質的には一夫多妻制が認められていた。すなわち、

ア　夫が認知した私生子は庶子（婚外子）とされ（同827条）、戸主の同意があれば家に入ることができ（同735条）、継（再婚相手の）父母と継子（ままこ）と又嫡母と庶子との間には親子間におけると同一の親族関係を認めた（同728条）。

　イ　旧刑法（明 13 年太政官布告第 36 号）第 353 条（姦通罪）は、夫のある婦人が姦通したときは 6 月以上 2 年以下の重禁錮に処する、その相手方も同じ、この条の罪は姦通をした婦人の夫の告訴をもって其罪を論ずる、ただし、姦通した婦人の夫が先に姦通を許したときは告訴の効果はない、と規定していた。しかし夫が姦通をしても妻には告訴権がなく、妻に不利益な規定である。この規定を前提に、旧民法は、姦通によって離婚又は刑の宣告を受けたる者は、姦通相手と婚姻できない（同 768 条）と定めていた。

　ウ　ここで一つ疑問が生まれるかもしれない。夫の権利が強いといっても、夫が妻以外の女性と関係があるということは、離婚原因（現民 770 条 1 項参照）になるのではないか。旧法の離婚理由を見ると、夫婦の一方は離婚理由として 10 項目掲げ、その場合に限り離婚の訴えを提起することができる、とある。ここで離婚事由とは、重婚（1 号）、妻の姦通（2 号）、夫の姦淫罪（3 号）、配偶者の一定の犯罪（4 号）、配偶者又は同人の直系尊属による同居に堪えない虐待又は重大な侮辱（5、7 号）、悪意の遺棄（6 号）、配偶者の自己の直系尊属に対する虐待又は重大な侮辱（8 号）、配偶者の生死不明 3 年（9 号）他である。夫は妻を虐待しない限り、離婚事由にならない。重大な侮辱も離婚事由になるとあるが、家庭外で子供を作っても、その子供を家に入れて育てさせても、妻に対する重大な侮辱にはならないと理解された。

　さらに夫権として、（ア）妻に夫の家に入ることを義務付け—ただし、入夫（戸主である女性と結婚して、その夫となること）および婿養子は妻の家に入る（同 788 条）、（イ）夫との同居を義務付け、夫には妻に同居を強要させることができた（同 789 条）。また、（ウ）夫は妻の財産の管理権（夫が妻の財産を管理することができないとき妻は自ら管理する）（同 801 条）、および（エ）妻の財産を使用及び収益する権利を有した。

（5）相　　続

　旧法における相続には、戸主の相続についての家督相続（ア）と、戸主以外の者の相続についての遺産相続（イ）の二つがある。

　ア　家督相続は、①戸主の死亡、隠居又は国籍喪失、②戸主の婚姻又

は養子縁組の取消によりその家を去ったとき、③女戸主（にょこしゅ）の入夫婚姻（にゅうふこんいん）又は入夫の離婚により開始する（同964条）。

家督相続により、家督相続人は相続開始の時より前戸主の持っていた権利義務を単独承継する（同986条）。

家督相続人には、被相続人の家族である直系卑属の中から、まず、①親等の異なる者の間に在っては近い者を優先し、②親等の同じ者の間にあっては男を優先し、③親等の同じ男又は女の間にあっては嫡出子を優先し、④親等の同じ嫡出子、庶子及び私生子の間に在っては嫡出子及び庶子は女と雖も私生子より優先し、⑤前記①から④に掲げた事項に付いて相同じ者の間にあっては、年長者を優先させた（同970条）。すなわち、原則、長男が単独相続するということである。

イ　遺産相続とは、戸主以外の家族の死亡により発生する相続である（同992条）。被相続人の直系卑属は、親等の異なる者の間にあっては近い者を優先させ、親等の同じ者は同順位で遺産相続人とするとした（同994条）。遺産相続により、遺産相続人は相続開始時から被相続人の財産に属する一切の権利義務を承継する（同1001条）。

## 第3　新憲法と新しい家族法（民法親族相続編）

大日本帝国憲法・旧民法下の家族制度は、男尊女卑の思想により戸主を中心とした家制度であったが、家族生活における個人の尊厳と両性の平等を基本とした日本国憲法（昭21年）下においては到底受け入れられるものではなかった。そのため、家族制度の大改革は、当初、家族制度と皇室制度が密接な関係にある以上、日本の国体を破壊するものではないかという危惧から、激論が交わされた。しかし、憲法24条は、同13条（すべて国民は、個人として尊重される。生命、自由及び幸福追求に対する国民の権利については、公共の福祉に反しない限り、立法その他の国政の上で、最大の尊重を必要とする。）における個人の尊重と同14条（すべて国民は、法の下に平等であって、人種、信条、性別、社会的身分又は門地により、政治的、経済的又は社会的関係において、差別さ

れない。）における平等原則とが家族制度においても浸透していかなければならないことを明らかにしたものであるため、1947（昭 22）年の民法の親族編と相続編の全面改正に至っている。いな、同条はかかる意義にとどまらず、女性差別撤廃条約の署名・批准を通して、日本の家族生活や家族関係における個人の尊厳が損なわれ、平等原則が侵害されていると疑われる場合の根拠条文として脚光を浴び（上野妙実子・基本法コンメ憲法 151 頁）、今日に至る。

## 第 4　明治憲法下の家族観が問われた裁判

### 1　尊属殺人事件違憲判決

（1）かつて日本の刑法典には、「自己又は配偶者の直系尊属を殺したる者は死刑又は無期懲役に処す」と定めた第 200 条（現在削除）が存在した。その一方で、「人を殺したる者は、死刑又は無期若くは 3 年以上の懲役に処す」と第 199 条が存在する（現在改正され「人を殺した者は、死刑又は無期若しくは 5 年以上の懲役に処する」になっている。）。第 199 条と第 200条は一般法と特別法の関係になり、通常、殺人罪は 199 条により処理されるが、尊属殺（自己又は配偶者の直系尊属の殺害）の場合には第 200 条が適用される。そのため、いわゆる親殺しはどんなに刑を軽減しても 3 年 6月の懲役ということになる（執行猶予判決にならない）[1]。この規定は、昭和 48 年 4 月 4 日、最高裁（刑集 27 巻 3 号 265 頁）が憲法 14 条 1 項（法の下の平等）に反し違憲であると判示するまで、下級審のみならず、最高裁においてもしばしば適用された。

（2）親殺しを重罪と位置付ける思想は、大宝律（701 年）・養老律（757

---

1　刑の軽減には、法定の原因（心神喪失と心神耗弱）に基づく減軽（「法律上の減軽」・刑39 条）と「裁判上の軽減（酌量減軽）」（同 66 条）とがあり、前者によって減軽する場合であっても、後者による軽減は認められる（同 67 条）。尊属殺人の刑罰は死刑又は無期懲役であり、被告人が心神耗弱であれば減軽しなければならず（同 39 条 2 項）、裁判所はさらに酌量減軽することができる。その場合の方法としては、まず無期懲役の場合（旧刑 199 条）7 年以上の有期の懲役とし（同 68 条 2 号）、有期懲役の酌量減軽は 2 分の 1 を減ずるので（同 71 条・68 条 2 号）、尊属殺人の場合、無期懲役を相当とした場合の減軽は懲役 3.5 年が限度になる。

年）の特に悪質と認めた8つの犯罪・八虐（逆）に遡る。これには、①謀反（天皇を害することを謀る）、②謀大逆（山稜又は皇陵を毀すことを謀る）、③謀叛（内乱又は外患を謀る）、④悪逆（祖父母・父母を殴り殺そうと謀り、伯叔父・父の姉妹などを殺す）、⑤不道（一家の者三人を殺す）、⑥大不敬（大社を毀し、天皇の御物を盗み、天皇を誹謗し、詔使の命に従わない）、⑦不孝（祖父母・父母を告訴し、又は呪い罵る）、⑧不義（上官・教師などを殺す、夫の喪に服さない）があり、唐律の十悪が模範にされた。

（3）尊属殺規定は、人の命に軽重をつけるものと言える。余談になるが、旧憲法時代、天皇の命と人民の命には明らかに違いがあることを前提に、「天皇、太皇太后、皇太后、皇后、皇太子又ハ皇太孫ニ対シ危害ヲ加ヘ又ハ加ヘントシタル者ハ死刑ニ処ス」（大逆罪、刑73条）と定められ、1947（昭22）年まで4件に本条が適用された。（a）明治天皇暗殺を企てた「幸徳事件」（未遂）では被告人26名中24名に死刑判決が言い渡され（後に12名が無期懲役に減刑、12名は1週間以内に執行）、（b）皇太子（後の昭和天皇）が狙撃された「虎の門事件」（1923年12月27日）では東宮侍従長が軽傷を負っただけであったが狙撃者は翌年11月死刑が執行された。（c）皇室暗殺計画を企てた「朴烈事件」の首謀者2名は死刑判決が言い渡され（天皇の恩赦により無期懲役）、（d）天皇狙撃暗殺未遂に終わった「桜田門事件」（昭7年1月8日）の被告人は死刑判決が下され（9月30日）、翌月10日に執行された。

明治24年5月11日、ロシア帝国皇太子ニコライを斬り付けた「大津事件」においては、発展途上であった日本がロシアから武力報復されかねない緊迫した状況下で行政の圧力の下、大逆罪が検討されたが、適用されることなく、司法の独立を守った事件として後世に伝えられる。

（4）尊属殺重罰規定を違憲とした最高裁昭和48年判決とはどのような事案であったのか。

被告人Aは14歳の時から実父Bによって性的虐待を継続的に受けており、これを阻止しようとする母親とも争いが絶えず、ついに母親は家出し、Aも母親らの協力で再三Bから脱出しようとしたが、その都度失敗

して、近親姦を強いられた。結果、親娘の間で 5 人の子（うち 2 人が幼いうちに死亡、他にも 6 人を人工妊娠中絶）を出産し、夫婦同様の生活を強いられていた。そうした中、当時 29 歳のＡにも職場で 7 歳年下の相思相愛の相手が現れ、正常な結婚をする機会が巡ってきた。その男性と結婚したい旨をＢ（当時 53 歳）に打ち明けたところ、10 日間に渡り自宅に監禁状態におかれ、最終的に口論の末、ＡはＢを絞殺したというものである。

（5）この事件を審理した宇都宮地裁は、刑法 200 条が違憲無効であるとして刑法 199 条（普通殺人）を適用したが、東京高裁は従来の最高裁判決に従い同 200 条は合憲であるとして、心神耗弱軽減、酌量減刑を行い、Ａを懲役 3 年 6 月に処した。

　これに対して、上告審最高裁は、同 200 条を違憲とした。最高裁が従来の最高裁判決を覆すときには、15 人の判事で構成される大法廷を開かなければならない。本件最高裁は、14 対 1 で同 200 条を違憲としたが、14 人の裁判官の意見は二つに分かれていた。すなわち、「尊属に対する尊重報恩は、社会生活上の基本的道義（で）……、このような自然的情愛ないし普遍的倫理の維持は、刑法上の保護に値する……被害者が尊属であることを犯情のひとつとして具体的事量刑上重視することは許され……さらに進んでこのことを類型化し、法律上、刑の加重要件とする規定を設けても、かかる差別的取扱いをもってただちに合理的な根拠を欠くもの（でない）、……憲法 14 条 1 項に違反するということもできない。……加重の程度が極端であって、前事のごとき立法目的達成の手段として甚だしく均衡を失っし、これを正当化しうべき根拠を見出しえないときは、その差別は著しく不合理なもの（で）、……かかる規定は憲法 14 条 1 項に違反して無効である」という意見が 8 名、普通殺人のほかに尊属殺人に関する規定を設けて、加重処罰すること自体が憲法 14 条 1 項の規定に違反するという少数意見 6 名があった。

（6）最高裁判決言渡当日（昭和 48 年 4 月 4 日）の新聞夕刊 1 面には、「最高裁、初の違憲判決「尊属殺重罰」の判例変更」、「親殺し 3 件減刑『法の下の平等』に違反」、「14-1 の大差、多数意見特別扱いは否定せず」、

「刑法改正、早急に　すでに確定ずみの判決　破棄求め上告検討　田中法相語る」、「刑法 200 条は失効　個別恩赦の必要も」、「通常殺人に切換え　最高裁が検討」（以上、朝日）、「尊属殺重罰規定は違憲　最高裁大法廷が画期的判決　初の違憲審査権発動　法の下の平等に反する　三事件に殺人罪適用　刑法二百条は失効　14 対 1『尊属規定も違憲』」（読売）などの見出しが躍るほか、「尊属殺人違憲判決『道義』は『重罰』では保てない　法律万能に反省？世界的な流れも考慮か」（読売 2 面）『時代の流れ』が変えた　『尊属殺』23 年目の逆転　やっと消えた封建遺物（違憲説を主張した真野毅元最高裁判事）　俗論におもねた判決（合憲説を主張した斎藤悠輔元最高裁判事）」（読売 11 面）、「尊属殺意見　私の意見は変わらぬ　元最高裁の 2 判事 23 年後の対決　真野毅氏〈違憲論〉自然な「考」が美しい　一方で強制してはならぬ／斎藤悠輔氏〈合憲論〉道徳の乱れへの歯止・なぜ反民主主義なのか」（朝日 2 面）など、各紙は大々的にこの判決を報じた。

（7）ところで、この最高裁判決を受けて、立法府は法改正措置を取らなければならないところであるが、立法過程において「昭和 48 年 4 月 4 日判決出でて孝行亡ぶ」との憂いが唱えられ、国会提出が見送られる事態も生じていた。結局、本条が改正されたのは判決から 22 年経過した1995 年（平 7 年）のことである。

## 2　婚外子相続分違憲判決

民法には「嫡出でない子の相続分は、嫡出である子の相続分の 2 分の 1 とする」（民 900 条 4 号）との規定が存在した。法律婚尊重の趣旨から、結婚していない男女間に生まれた婚外子を非嫡出子というが、前記規定はその遺産相続分を法律上の夫婦の子（嫡出子）の半分とするもので、明治時代から最高裁（平 25・9・4 民集 67-6-1320）がこの規定を違憲と宣言するまでの 115 年間続いた。最高裁判決の理由は、日本社会に法律婚制度は定着しているが、家族の形態は多様化している、父母が婚姻関係にないという子にとって選択の余地がないとの理由で不利益を及ぼすことは許されず、非嫡出子の規定は法の下の平等を定めた憲法に違反す

るというものであった。国会は、この判決を受けて、同年 12 月、前記規定を削除した。

　なお、この民法改正を巡っては、「家族制度を否定するものだ」などの異論もないわけではない。

## 3　再婚禁止期間違憲判決

　民法 733 条は「女は、前婚の解消又は取消しの日から 6 箇月を経過した後でなければ、再婚をすることができない。」と定められていた。この規定は「家」制度を定めた明治民法に盛り込まれ、戦後も引き継がれたものである。この規定があるがために、「再婚が遅れ精神的苦痛を受けた」として、国に損害賠償請求をした事件（1、2 審は敗訴）の上告審（最高裁大法廷）判決が下された（平 27・12・16 民集 69-8-2427）。離婚後 100 日を超える部分の再婚禁止は違憲とした。ただし、国の賠償責任は認めず、原告の上告はいずれも棄却された。現在、同 733 条は、「100 日を経過した後でなければ、再婚をすることができない」と改められている。

## 4　夫婦同姓規定（合憲判決）

　民法 750 条は「夫婦は結婚の際に定めるところに従い、夫または妻の姓を称する」と夫婦同姓を定める。これも「家」制度を定めた明治民法に盛り込まれ、戦後も引き継がれた規定である。

　この規定が男女平等を定める憲法に抵触しないか言及した最高裁大法廷判決が、再婚禁止期間違憲判決（前記 3）と同じ日に下されている（平 27・12・16 民集 69-8-2586）。こちらは「夫婦同姓規定には合理性があり合憲」とする初めての判断を示した。比較法的にみると、夫婦同姓は少数であり、日本と同様、夫婦同性既定を定めていたドイツは、1991 年[2]、憲法裁判所が違憲判決を下しており、日本においても夫婦別姓議論が立法課題として浮上し、国連の条約機関も見直しを勧告していた。

　法制審議会は 1996 年、夫婦が希望すればそれぞれの姓を名乗れる選択的夫婦別姓の導入を答申していたが、「家族の一体感が損なわれる」など

---

2　ドイツ憲法裁判所の判決について、拙稿「夫婦別氏制の憲法上の根拠－ドイツ連邦憲法裁判所決定（BVerfG, Beschluss　v. 5. 3. 1991）から」判タ 758 号（1991 年）。

という反対論も根強く、法改正は実現していなかったが、最高裁の判決の内容は、これに重なるものである。

# 第2章　婚姻の話

## ■無知の涙────

　1968年秋、全国で次々と4人が射殺される連続殺人事件が起きた。半年後に逮捕されたのは青森から集団就職で上京してきた19歳の少年永山則夫だった。いわゆる永山事件は、永山の貧しい生い立ちから「貧困が生んだ事件」とも言われた。東京高裁は無期懲役判決を下すが、最高裁判所はこれを差し戻し、事実上の死刑判決を言い渡す[1]。判決理由の一つに「同じ環境に育った兄弟は立派に成人している」と。しかし……、長男は永山が逮捕される前に詐欺罪で逮捕され刑務所を出て以降消息不明。次男はその後定職に就く事もなくギャンブルに明け暮れ42歳で亡くなった。妹は成人してから心を病んでしまう。一緒に育った姪は行方が

───────────────
1　最高裁判決（昭58・7・8刑集37-6-609）の示した死刑選択基準は、①犯行の罪質、②動機、③態様（特に殺害の手段方法の執拗性・残虐性）、④結果の重大性（特に殺害された被害者の数）、⑤遺族の被害感情、⑥社会的影響、⑦犯人の年齢、⑧前科、⑨犯行後の情状等、各情状を併せ考えたとき、その罪責が非常に重大で、罪と刑のバランスという意味でも、社会一般に対して同様の犯罪を予防するという意味でも、止むを得ない場合に、死刑を選択できるというものであった。これを永山基準と呼び、長い間、死刑選択基準として採用された。

分からないままである。永山は逮捕されてから25年間獄中で勉強を続け、自身の生い立ちを小説[2]にして、印税を被害者らに送った。この小説を読んだ、和美は、アメリカから獄中の則夫に宛てて手紙を書いたところ、彼からの返事が届いた。和美の気持ちはたちまち燃え上がり、アメリカで則夫を支援する署名活動を始めた。二人の間で手紙の交換が続いているうちに、和美の感情は抜き差しならぬものになり、彼女はついにこんな手紙を書いた。

　「私が生きて行く上で、あなたがどうしても必要です。私は日本に行きます。私と結婚して下さい」[3]

## 第1　婚姻法序説

　1　婚姻制度の話しをしよう。日本では同性カップルの婚姻が法的に認められておらず、婚姻と言えば異性間の婚姻のみを想定する者も多い。現在の日本の制度はと聞かれれば、それはそれで正しい。しかし、世界には同性婚やパートナーシップ（婚姻とは異なる同性カップルのための法制度）の整備がなされている国も少なくない。同性婚を認めかつパートナーシップ法を制定する国は、ノルウェー、スウェーデン、フランス、イギリス、ルクセンブルク、ウルグアイ、ニュージーランドの7カ国、同性婚のみを認める国はオランダ、ベルギー、スペイン、ポルトガル、アイスランド、デンマーク、アルゼンチン、カナダ、アメリカの一部の州、アルゼンチン、南アフリカ共和国の国々、パートナーシップ法のみを保有する国には、ドイツ、フィンランド、イタリアの一部の州、アンゴラ、スロベニア、チェコ、アイルランド、メキシコ、ブラジル、オーストラリアの一部州がある。

　2　平成27年11月5日、東京都渋谷区は、同性のカップルを結婚に相当する関係と認める「パートナーシップ証明書」の発行を始め、女性2人のカップルが第1号となる証明書を受け取った。その後、三重県伊賀

---

2　無知の涙（河出文庫―BUNGEI Collection）1990
3　参照、ＮＨＫ【ＥＴＶ特集】「永山則夫 100時間の告白～封印された精神鑑定の真実～」2012年10月14日、映画「裸の19才」（1970）監督・新藤兼人、出演・原田大二郎他。

市でも同様の証明書を交付する方針を固めたという[4]。電通のインターネット調査（http://www.dentsu.co.jp/news/release/2015/0423-004032.html）では、ＬＧＢＴ（同性愛など性的少数者又は性的マイノリティー。Ｌ＝レズビアン、Ｇ＝ゲイ、Ｂ＝バイセクシュアル、Ｔ＝トランスジェンダー）とされる人が人口の7.6％を占めるといわれ、全国の自治体での条例整備のみならず、国の法整備も求められるところである。

　婚姻の要件の一つを取り上げても共通ではなく、世界には多様な制度が現存することが想像できよう。婚姻制度はその国の文化、宗教、伝統に深く関わる問題である[5]。

## 第2　婚姻の成立

　日本国憲法第24条1項は「婚姻は、両性の合意のみに基いて成立」すると規定する。婚姻が成立するためには、両性の合意すなわち婚姻の意思がなければならないが、その意思を明らかにする婚姻届（資料①参照）が提出されなければ法律上婚姻は成立しない。ただし、婚姻の障碍（後記2）となる事項がある場合には、婚姻届が受理されない。

### 1　婚姻の意思

　婚姻は当事者間に婚姻の意思がなければならない。

（1）婚姻の意思は内心に関わるものでるから、取り敢えず婚姻意思を表した婚姻届に依拠せざるをえない。そのため法は、①人違いその他の事由によって当事者間に婚姻をする意思がないとき、②当事者が婚姻の届出をしないときに限り、無効とした（民742条）。

（2）日本では婚姻届出を提出することによって、婚姻は成立するし（後記3）、届出書が本人意思に基づいて作成されていることが必要であるが、それさえあれば他人の代書でもよいとするのが、実務の慣行である。

---

4　産経 west 2015.12.27 12:09
5　婚姻が認められない限り、税の配偶者控除、相続権や財産分与請求権、国民年金の第3号被保険者や遺族年金の受給者になるなどの行政サービスを受けるのは難しい。共有名義で住宅ローンを組んだり、生命保険金の受取人になったりするのは各社の方針によるが、実務では認められにくい。そのため、養子縁組で法律上の「親子」になったり、2人の約束を公正証書に残したりして法的な備えをする同性カップルが少なくない。

では、提出時に当事者双方又は一方が婚姻意思を欠いていた場合、どうなるか。法には婚姻届を両当事者が提出しなければならないとは記載されていない。その結果、例えば、同棲関係にある男女が婚姻届を作成したが、一方が重篤な病に陥り、他方が提出・受理時には意識がなく、提出後間もなく死亡した場合はどうか。

　かつて大審院は、婚姻届けが婚姻の意思表示であるから不成立であると立場をとっていた。しかし最高裁は、本件婚姻の届出に当たり、当事者間に、訴外第三者を両当事者間の嫡出子としての地位を得させるための便法として婚姻の届出についての意思の合致はあったが、当事者の一方には、他方との間に真に夫婦関係の設定を欲する効果意思はなかったという事案において、「本件婚姻届がＡの意思に基づいて作成され、同人がその作成当時婚姻意思を有していて、同人と相手方との間に事実上の夫婦共同生活関係が存続していたとすれば、その届書が当該係官に受理されるまでの間に同人が完全に昏睡状態に陥り、意識を失ったとしても、届書受理前に死亡した場合と異なり、届出書受理以前に翻意するなど婚姻の意思を失う特段の事情のないかぎり、右届書の受理によって、本件婚姻は、有効に成立したものと解すべきである。もしこれに反する見解を採るときは、届書作成当時婚姻意思があり、何等この意思を失ったことがなく、事実上夫婦共同生活関係が存続しているのにもかかわらず、その届書受理の瞬間に当り、たまたま一時的に意識不明に陥ったことがある以上、その後再び意識を回復した場合においてすらも、右届書の受理によっては婚姻は有効に成立しないものと解することとなり、きわめて不合理となる」（昭44・4・3民集23-4-709）とした。

## 2　婚姻の障碍事由
　法はそのほか、婚姻の障碍事由が存在しないことを婚姻成立の要件としている。婚姻障碍事由が存在する婚姻届は受理されない（同740条）

### （1）婚姻適齢
　ア　男は18歳未満、女は16歳未満であることは婚姻の妨げになる（婚姻適齢、民731条）。旧法では男17歳、女15歳であったのを1歳引き上

げた。それでも低すぎるという批判もあるが、農村等における早期婚の慣行を重視したものとされる。

　イ　未成年の子が婚姻をするには、父母の同意を得なければならない（同 737 条 1 項）。父母の一方が同意しないときは、他の一方の同意だけで足りる（同条 2 項前段）。なお、「父母の一方が知れないとき、死亡したとき、又はその意思を表示することができないときも、同様とする」（同条 2 項後段）。

## （2）重婚禁止

　配偶者のある者は、重ねて婚姻をすることができない（同 732 条）。後婚は当然に無効になるのではなく、取り消しうるにすぎず（大判昭 17・7・21 新聞 4787-15）、また、後婚が離婚により解消されたときは、重婚を理由とする後婚の取消請求をすることができない（最判昭 57・9・28 民集 36-8-1642）。

　刑事法上、重婚した者は 2 年以下の懲役に処せられる。その相手方となって婚姻した者も同様である（刑 184 条）。しかし、婚姻届提出の際、役所において当然チェック機能が働くから、重婚が成立することが実際にあるのか、疑問である。むしろ、前婚を偽造・虚偽の協議離婚により戸籍上婚姻解消した上で新たな婚姻届を提出し、後婚を有効に成立させたとき、重婚が成立する（名古屋高判昭 36・11・8 高計 14-8-563）パターンが多いのではないか。

## （3）再婚禁止期間

　かつて民法 733 条 1 項は「女は、前婚の解消又は取消しの日から 6 箇月を経過した後でなければ、再婚をすることができない。」としていたが、この規定が「男女平等」を定めた憲法 14 条に反するのではないかが問われ、最高裁大法廷（平 27・12・16 民集 69-12-16）は、同規定のうち、再婚禁止期間の 100 日を超える部分については違憲とする判決を言い渡した（参照、第 1 章第 4—3）。そのため、同条の再婚禁止期間は 6 か月から 100 日に改められている。

## （4）近親者間の婚姻の禁止

　直系血族又は 3 親等内の傍系血族の間では、婚姻をすることができな

い。ただし、養子と養方の傍系血族との間では、この限りでない（民734条1項）。特別養子縁組により養子と実方の父母及びその血族との親族関係が終了（同817条の9）した後も同様に婚姻をすることができない（同734条2項）。

　ところで親等とは、親族間の世代数を数えて定めるもので、傍系（直系に対して共同の始祖を通じてつながる系統）親族の親等を定めるには、その一人又はその配偶者から同一の祖先に遡り、その祖先から他の一人に下るまでの世代数による（同726条）。例えば、自分のいとこは4親等（親世代＋祖父母世代＋叔父叔母世代＋いとこ世代）であるから、近親婚禁止に該当しない。

（5）直系姻族間の婚姻の禁止

　直系姻族の間では、婚姻をすることができない。離婚等（同728条）により又は特別養子縁組による養子と実方の父母及びその血族との親族関係の終了（同817条の9）により婚姻関係が終了した場合も、同様である（同735条）。

（6）養親子等の間の婚姻の禁止

　養子若しくはその配偶者又は養子の直系卑属若しくはその配偶者と養親又はその直系尊属との間では、離縁（同729条）により親族関係が終了した後でも、婚姻をすることができない（同736条）。

（7）婚姻の取消請求（同744条）

　前記（1）から（6）に違反した婚姻は、各当事者、その親族又は検察官から、その取消しを家庭裁判所に請求することができる。ただし、検察官は、当事者の一方が死亡した後は、これを請求することができない。前記（2）又は（3）に違反した婚姻については、当事者の配偶者又は前配偶者も、その取消しを請求することができる。

3　婚姻届の提出（形式的要件）

（1）婚姻は、戸籍法（昭和22年法律第224号）の定めるところにより届け出ることによって、その効力を生ずる（民739条1項）。この届出は、当事者双方及び成年の証人二人以上が署名した書面で、又はこれらの者

から口頭で、しなければならない（同条2項）。ただし、この739条2項の方式を欠くだけであるときは、婚姻は、そのためにその効力を妨げられない（同742条2号但書）。

（2）戸籍法第74条は「婚姻をしようとする者は、左の事項を届書に記載して、その旨を届け出なければならない。　1　夫婦が称する氏　2　その他法務省令で定める事項」と規定することから（なお、後記第3）、婚姻届提出の際に、「夫婦が称する氏」を記載しなければ、不受理とされる。ちなみに96％以上の夫婦が夫の氏を選択しているといわれている。

## 第3　婚姻の効果

婚姻すると日本国では、以下の法的効果が発生する。

### 1　共通する氏の使用

（1）旧法では妻は夫の氏を称すると定められていたが、現行法では「夫婦は、婚姻の際に定めるところに従い、夫又は妻の氏を称する」（民750）。共通する氏の使用規定は民法第4編第2章第2節（婚姻の効力）に定められるが、婚姻届提出の際に、「夫婦が使用する氏」を届けなければ婚姻が成立せず、効力が生じない（同739条1項）のであるから、効力の問題として規定することには疑問が残る。

（2）それはおくとして、日本における夫婦別姓の議論は久しく、2015年12月、最高裁判所が夫婦別姓を認めない民法の規定は違憲とは言えない旨の判決をしたことはすでに述べた（第1章第4－4）。巷でもちょっと突っ込んだ夫婦別姓の議論があろうが、裁判所におけるそれは、夫婦同姓を定める民法750条の規定（夫婦同氏制）が、（a）「すべての国民は、個人として尊重される」（憲13条。人格権の保証）規定に反しないか、（b）96％以上の夫婦において夫の氏を選択するという社会事情（性差別）を前提にすると同条は女性に不利益を負わせる効果を有する規定であるから、憲14条1項の規定「すべての国民は法の下に平等であって、人種、信条、性別、社会的身分又は門地により、政治的、経済的又は社会的関係において、差別されない」に抵触しないか、（c）同姓制度は実

質的に婚姻の自由を侵害するものであり、憲24条の「婚姻は、両性の合意のみに基いて成立し、夫婦が同等の権利を有することを基本として、相互の協力により、維持されなければならない。②配偶者の選択、財産権、相続、住居の選定、離婚並びに婚姻及び家族に関するその他の事項に関しては、法律は、個人の尊厳と両性の本質的平等に立脚して、制定されなければならない。」との規定に反しないか、というものである。

（3）最高裁は大法廷（15名の裁判官）を開き、「夫婦同姓の制度は我が国の社会に定着してきたもので、家族の呼称として意義があり、その呼称を一つにするのは合理性がある」と判示して、上記の疑義を退けたが、裁判官5名（内3名は女性判事）の違憲意見がある。意見の骨子は次の通り。

（a）岡部喜代子判事　　同姓制度は明治民法を継承し、昭和22年の現行法制定当時は、夫が生計を担い、妻は夫婦間とその間の子の家事育児を担うという態様から憲法24条と適合性があったが、女性の社会進出に伴い同姓制は不合理な側面が顕著になり、「婚姻前の姓」を使用する合理性と必要性が増しており、夫婦別姓という例外を認めないことは、多くの場合、妻となった者のみが、個人の尊厳の基礎である「個人識別機能」を損ねられ、「自己喪失感」といった負担を負うことになるから、「個人の尊厳と両性の本質的平等に立脚した制度とはいえない」。そのうえで、個人識別機能への支障や自己喪失感などの負担から、「現在では、夫婦となろうとする者のいずれかかがこれらの不利益を受けることを避けるためにあえて法律上の婚姻をしないという選択をする者を生んでいる」として、「夫婦が称する氏を選択しなければならないことは、婚姻成立に不合理な要件を課したものとして婚姻の自由を制約するもので」、民法750条は「個人の尊厳と両性の本質的平等の要請に照らし合理性を欠き、国会の立法裁量の範囲を超える状態」で、憲法24条に違反する。

　　櫻井経龍子判事及び鬼丸かおる判事もこれに同調する。

（b）木内道祥判事の意見の骨子は次にある。①夫婦同氏制は例外がなく、婚姻における夫婦平等規定に違反する。また②未成年の婚姻を

許す現行制度において同氏制を強要することは、改姓者にとって極めて重大な利益侵害にあたる。③「離婚の際の氏の続称（婚氏続称）は昭和51年改正、養子離縁の際の氏の続称は昭和62年改正により設けられたものであるが、離婚・離縁という身分関係の変動があっても、その選択により、従来の氏を引き続き使用することが認められている。この改正に当たっては、各個人の社会的活動が活発となってくると婚姻前の氏により社会生活における自己の同一性を保持してきた者にとって大きな不利益を被るという夫婦同氏制度の問題を背景とすることは意識されており、それには当面手をつけないとしても、婚姻生活の間に形成された社会的な認識を離婚によって失うことの不利益を救済するという趣旨であった」。④「昭和22年改正前の民法は、氏は「家」への出入りに連動するものであり、「家」への出入りに様々な法律効果が結び付いていたが、同年改正により「家」は廃止され、改正後の現行民法は、相続についても親権についても、氏に法律効果を与えていない。現行民法が氏に法律効果を与えているのは、僅かに祭祀に関する権利の承継との関係にとどまる」。⑤多数意見は重大な不利益の緩和策として通称を挙げるが、「法制化されない通称は、通称を許容するか否かが相手方の判断によるしかなく・・・通称を法制化するとすれば、全く新たな性格の氏を誕生させることとなる」。

（ｃ）山浦善樹判事の反対意見　　以上、4裁判官の違憲意見は、本件事件において、国賠の対象にならない（国会の立法措置の懈怠はない）とする点において、多数意見と共通するが、山浦判事は国賠の対象になると判示する。すなわち、昭和60年、日本国が批准した「女子に対するあらゆる形態の差別の撤廃に関する条約」に基づき設置された女子差別撤廃委員会からは、平成15年以降、繰り返し、日本国民法に夫婦の氏の選択に関する差別的な法規定が含まれていることについて懸念が表明され、その廃止が要請され、「少なくとも、法制審議会が法務大臣に「民法の一部を改正する法律案要綱」を答申した平成8年以降相当期間を経過した時点においては、本件規定が憲法の規定に違反することが国会にとっても明白」であったとした。

## 2　同居、協力及び扶助の義務

「夫婦は同居し、互いに協力し扶助しなければならない」（同 752）。別居中の夫婦の一方に対して同居を強制する手段はないが、同居を命ずる審判を求めることはできる。扶助とは助けること、援助することであり、扶養（生活できるように助けること）とは若干異なる。

大阪高決平成 17 年 1 月 14 日（家月 57-6-154）は、不貞を繰り返す別居中の夫に対して妻から同居を求めた事件において、婚姻の維持継続の見込みが否定されず、同居を命ずることが公平の観念や個人の尊厳を害しないとみられる場合には、家事審判により具体的な同居義務を定めることができると解した上で、婚姻期間が 25 年余りの長きに渡っており、それとの比較で別居期間が短く、妻が夫との同居を求めているという状況にかんがみれば、婚姻の維持継続の見込みが完全に否定される状況にあるとは断定できないし、同居を命ずることが公平の観念や個人の尊厳を害するとまではいえないとして、妻の申立を認容した。

他方、東京高決平 13・4・6（家月 54-3-66）は、夫婦の関係、互いの感情等に徴すと、仮に同居を命ずる審判がされたとしても、夫婦がその同居により互いに助け合うよりも、むしろ一層互いの人格を傷つけ又は個人の尊厳を損なうような結果を招来する可能性が極めて高いと認められるので、同居を命じるのは相当でないとした。

## 3　婚姻による成年擬制

「未成年者が婚姻をしたときは、これによって成年に達したものとみな」される（同 753）。旧民法（明 23 年法 98 号）から成年年齢は 20 歳と定められているが、それ以前、明治 9 年の太政官布告第 41 号は「自今満弐拾年ヲ以テ丁年ト相定候」としていた。満 20 歳をもって成年とした理由は、旧民法制定当時の日本人の平均寿命や精神的成熟度、また諸外国の法制を参考にしたと言われている[6]。参考までに、当時の平均寿命は男

---

6　谷口知平 ＝ 石田喜久夫編『新版注釈民法（1）総則（1）〔改訂版〕』〔2002〕294 頁以下〔高梨公之・高梨俊一〕は、20 歳成年制の理由付けについて、「明治期の制定法が、当時 21 歳から 25 歳程度（21 歳とするものが比較的多い）を成年年齢と定めていた欧米諸国に比べて、やや若い 20 歳成年制を採用したことについて、当時の学説には、日本人

42.8 歳、女 44.3 歳（1891-1898）、アメリカは男 47.88 歳、女 50.7 歳
（1900-1902）、イギリス男 51.5 歳、女 55.35 歳（1910-1912）であった。
（1）未成年者の法律行為　　民法は、未成年者に対する保護および制
約として、未成年者が法律行為（契約）をするには、その法定代理人の
同意を得なければならないが、単に権利を得、又は義務を免れる法律行
為（負担のない金銭の贈与や借金の免除など、未成年者が一方的に利益
を得る、または不利益を免れる法律行為）については、この限りでない
とした（同 5 条 1 項）。したがって、親権者らの同意を得ずに行った法律
行為は後に未成年者らから取り消されることがある（同条 2 項、同 120
条 1 項）。そのため、実務では、未成年者と取引をする場合には、予め法
定代理人に対して書面での同意を求めたり、または催告などで追認を求
めたり（同 20 条 2 項参照）する工夫をしている。契約により得た財産を
未成年者が消費した場合には、契約が取り消されたとしても、不当利得
（同 703 条）の返還請求を求めることはできない。民法 121 条は「取り
消された行為は、初めから無効であったものとみなす。ただし、制限行
為能力者（未成年者、成年被後見人、被保佐人及び第 17 条第 1 項の審判
を受けた被補助人（20 条 1 項）＊筆者注）は、その行為によって現に利益
を受けている限度において、返還の義務を負う」と規定している。
（2）成年擬制　　婚姻した者は成年擬制により、上記の保護を受ける
ことができなくなるが、この保護を制約しないと、婚姻した未成年者と
取引するものは、常に、取り消されることを覚悟して契約をしなければ
ならないし、これを鬱陶しく感じる社会は婚姻した未成年者と取引をし
なくなり、未成年者は成年と同様の社会生活を送ることができなくなる

---

の平均寿命の短さ、あるいは日本人の精神的成熟の早さなどを理由として挙げるものが
ある。現実的な理由としては、当時の立法者が、近代的な経済取引秩序を作り上げるた
めの必要条件として欧米の成年制度を受け入れることを基本に、15 歳程度を成年とする
わが国の旧来の慣行をも考慮に入れて、当時の国際的基準からいえばやや低く、それま
でのわが国の慣行からすればかなり高い成年年齢を、律令を理由付けに、採用したと考
えることができよう。なお、『全国民事慣例類集』には、20 歳ないしそれ以上の成年期
を定めた地方があることも記されており、本人保護を主な目的とする無能力者制度の趣
旨からも、それまでの日本の慣行の中では高度な 20 歳を標準としたとする考察もある」
とする。

ことを回避するための立法措置である。

（3）未成年者であるがゆえに禁煙や飲酒は制約されているが（未成年者喫煙禁止法1条、未成年者飲酒禁止法1条）、これらは成年者の健康を配慮してのものであるから、婚姻により、これらが解禁されるわけではない。

## 4　夫婦財産制

（1）法定財産制　　夫婦が、婚姻の届出前に、その財産について別段の契約をしなかったときは、以下の定めによる（同755条）。

　ア　婚姻費用の分担　　夫婦は、その資産、収入その他一切の事情を考慮して、婚姻から生ずる費用を分担する（同760条）。分担義務の存否は通常裁判所において判決するが（最大決昭40・6・30民集19-4-1114）、分担義務を前提にした分担額は家庭裁判所の審判によることができ（最判昭43・9・20民集22-9-1938）、過去に遡って分担額を形成決定できる（前掲最大決昭40・6・30）。ただし、別居中の子の監護費用については離婚訴訟においてすることができる（最判平9・4・10民集51-4-1972）。離婚訴訟において裁判所が財産分与の額及び方法を定めるについては当事者双方の一切の事情を考慮すべきものであり（同771条、768条3項）婚姻継続中における過去の婚姻費用の分担の態様は右事情のひとつにほかならないから、裁判所は、当事者の一方が過当に負担した婚姻費用の清算のための給付をも含めて財産分与の額及び方法を定めることができる（最判昭53・11・14民集32-8-1529）。

　イ　日常家事に関する債務の連帯責任　　夫婦の一方が日常の家事に関して第三者と法律行為をしたときは、他の一方は、これによって生じた債務について、連帯してその責任を負う。ただし、第三者に対し責任を負わない旨を予告した場合は、この限りでない（同761条）。すなわち、夫婦は相互に日常家事債務について他方を代理する権限を有し、日常家事の範囲は、個々の夫婦により異なるが、単に夫婦の内部的な事情やその行為の個別的な目的のみを重視して判断することなく、客観的に、法律行為の種類、性質等をも十分考慮して判断される（最判昭44・12・18

民集 23-12-2476）。

　ウ　夫婦間における財産の帰属　　夫婦の一方が婚姻前から有する財産及び婚姻中自己の名で得た（例えば、相続）財産は、その特有財産（夫婦の一方が単独で有する財産をいう。）とする（同 762 条 1 項）。ただし、夫婦がその一方の財産を合意の上で他方の所有名義とした場合にまで、これをその所有名義人の特有財産とする趣旨ではない（最判昭 43・7・14 民集 13-7-1023）。　また、夫婦のいずれに属するか明らかでない財産は、その共有に属するものと推定する（同 762 条 2 項）。

（2）夫婦財産契約　　（a）夫婦が法定財産制（前記（1））と異なる契約をしたときは、婚姻の届出までにその登記をしなければ、これを夫婦の承継人及び第三者に対抗することができない（同 756 条）。（b）夫婦の財産関係は、婚姻の届出後は、変更することができず、夫婦の一方が、他の一方の財産を管理する場合において、管理が失当であったことによってその財産を危うくしたときは、他の一方は、自らその管理をすることを家庭裁判所に請求することができる。共有財産については、この家裁への請求とともに、その分割を請求することができる（同 758 条）。

＊永山の死刑判決（前記注 1）は、最高裁の上告棄却により 1990 年 4 月 17 日、確定した。永山則夫は、1980 年に、在米日本人・和美さんと結婚（その後、離婚）。1997 年 8 月 1 日、東京拘置所において永山（48 歳）の死刑が執行された。この年の 6 月 28 日には神戸連続児童殺傷事件の犯人（当時 14 歳 11 ヶ月）が逮捕されている。

# 第3章　婚姻解消の話

## 第1　婚姻の解消の話をしよう

　離婚件数の年次推移（厚生労働省）をみると、昭和45年5万組程度から以降若干減少した数年もあったが、平成14年ピーク（29万組）を迎えるまでほぼ右肩上がりであったが、その後、減少傾向にある。婚姻件数が年間75万件であるから、およそ3組に1組の割合で離婚が成立している。平成27年度であるが、離婚事件の約5分の1（離婚調停の申立件数は48,773件）が調停事件として裁判所に持ち込まれている。調停に持ち

込まれる事件の多くは、離婚自体についての争いではなく、未成年の子の親権や財産分与、慰謝料、子の養育費について解決できず離婚調停として裁判所に持ち込まれる場合が多い。ところで離婚の 70%強は別居後の離婚届けの提出であるといわれているが、別居といっても、一時的なものから数年・数十年に及ぶものもあれば、別居のまま行方が分からない例、配偶者が罪を犯し収監されている場合など多様である。

　日本国の離婚は、協議、調停、及び裁判の 3 段構えによるが、離婚も婚姻も文化・宗教により大きく影響を受けるため、各国の離婚法制は様々である。特徴的な国を挙げれば、フィリピンはローマカトリック教会の影響を強く受けており、離婚を認めておらず（1970 年までイタリア、1977 年までブラジルも同様）、フィリピン人と結婚した邦人が苦悩することは多い。ドイツやオーストラリア、インドは裁判離婚を基本としている。

　以下では、離婚手続の解説を織り交ぜながら、日本の離婚法制に説明する。

## 第 2　夫婦の一方の死亡

　婚姻解消原因には、夫婦の一方の死亡と離婚がある。

### 1　夫婦の一方の死亡と姻族関係の消滅

　夫婦の一方が死亡すると、婚姻関係は当然に消滅する。姻族関係は、離婚によって終了する（民 728 条 1 項）が、夫婦の一方の死亡の場合、生存配偶者と死亡配偶者の血族との姻族関係が当然には消滅せず、生存配偶者が姻族関係を終了させる意思を表示したときに限る（同条 2 項）ことが「離婚」と「夫婦の一方死亡」の大きな相違である。「姻族関係の消滅」を希望する生存配偶者は、戸籍法の定めるところに従い、死亡した配偶者の氏名、本籍及び死亡の年月日を届書に記載して、その旨を届け出なければならない（戸 96 条）。

　死亡配偶者の血族からの姻族関係の消滅は認められていない。

### 2　失踪宣告
### （1）失踪宣告

　不在者の生死が 7 年間明らかでないときは、家庭裁判所は、利害関係人の請求により、失踪の宣告をすることができる。 また、戦地に臨んだ者、沈没した船舶の中に在った者その他死亡の原因となるべき危難に遭遇した者の生死が、それぞれ、戦争が止んだ後、船舶が沈没した後又はその他の危難が去った後一年間明らかでないときも同様である（民 30条）。

**（2）失踪者の死亡推定時**

　失踪の宣告を受けた者は、前記（1）前段期間の満了時に、また前記（1）後段により失踪の宣告を受けた者はその危難が去った時に、死亡したものとみなされる（同 31 条）。

**（3）失踪宣告を受けた者の生存**（民 32 条）

　ア　失踪宣告の取消　　失踪者が生存すること又は前記（2）の時と異なる時に死亡したことの証明があったときは、家庭裁判所は、本人又は利害関係人の請求により、失踪の宣告を取り消さなければならない。この場合において、その取消しは、失踪の宣告後その取消し前に善意でした行為の効力に影響を及ぼさない（同条 1 項）。 契約については、契約当事者双方とも善意（法律用語において「善意」とは知らなかったことを意味する）であることを要する（大判昭 13・2・7 民集 17-59）。

　イ　失踪宣告者の取得財産　　失踪の宣告によって財産を得た者は、その取消しによって権利を失う。ただし、現に利益を受けている限度においてのみ、その財産を返還する義務を負う（同条 2 項）。

　ウ　失踪宣告者の宣告取消と婚姻関係の復活　　配偶者が再婚していなければ婚姻関係が復活するが、（a）再婚した場合で再婚夫婦に悪意（生存を知っていること）がある場合には、前婚が復活して重婚状態になり、前婚について離婚原因（民 770 条 1 項⑤）、後婚について取消原因（同 744条）になるが、（b）失踪宣告後生存配偶者が善意の場合、①前婚が復活し、前婚について離婚原因になり、後婚について取消原因になるとする見解と、②前婚は復活しないとする見解（昭 25.2.21 民甲 520 回答）とがある。

## 第3　離　婚

### 1　協議離婚

　冒頭で挙げたように、日本国の離婚は、協議、調停、及び裁判の3つの手続が用意されている。民法は「夫婦は、その協議で、離婚をすることができる」（民 763 条）としており、これが原則になる。離婚原因は法的には問題にならない。離婚の意思と手続（届出）が整えば成立する。

#### （1）離婚届の提出

　協議離婚するには、協議離婚がいかなる意味を持つのかという判断能力（意思能力）が必要になる。未成年者は婚姻によって成年に達したものとみなされているため、父母の同意を要しない。離婚意思あるものが戸籍法の定めるところにより、当事者双方及び成年の証人 2 人以上が署名した書面で、又はこれらの者から口頭で、しなければならない（同 764 条、739 条 1・2 項）。未成年者の子があるときは、親権者を届け出なければならない（同 819 条 1 項、戸 78 条）。当事者の意思に基づかない離婚届けが無効であることは言うまでもない（最判昭 53・3・9 家月 31-3-79）。

#### （2）離婚届不受理の申出

　離婚意思は届出時に求められ、離婚届作成後届出前に撤回することは可能である（最判昭 34・8・7 民集 13-1251）。離婚届（資料②参照）が受理される前であれば、戸籍事務官掌者に離婚届不受理の申出をすることにより、届け出の受理を阻止することができる（戸 27 条の 2 第 3 項）。

### 2　調停離婚

#### （1）調停手続

　家庭裁判所で行う調停を家事調停という。夫婦間で離婚について話合いがまとまらない場合や話合いができない場合には、家庭裁判所の調停手続（調停委員会は調停委員 2 名と裁判官又は家事調停官のいずれか 1 人により構成されるが（家事 248 条 1 項）、裁判官らは調停の節目に現れるにすぎない）を利用することができるが、この場合、（a）離婚のみならず、（b）離婚後の子の親権者、（c）親権者とならない親と子との面会交流、（d）子の監護養育費用、（e）離婚に際しての財産分与、（f）

慰謝料、（ｇ）別居期間中の婚姻費用といった経済的問題も一緒に話し合うことができる。協議離婚できない場合、いきなり裁判離婚を求めることはできず、必ず調停を経なければ訴訟を提起することはできない。これを「調停前置主義」（同257条1項）というが、これには離婚のほか、婚姻や協議離婚の無効・取消、認知、嫡出否認、離縁などがある。

　離婚調停は、正式には「夫婦関係調整調停（離婚）」という。国家が離婚を前面にした事件のお手伝いをできないことから、このような名称がつけられている。ちなみに、別居生活の解消などを目的とする「夫婦関係調整調停（円満）」という申立てもある。

### （2）調停の申立手続

　調停は原則として相手方所在地を管轄する家庭裁判所に申立書（資料③参照）を提出する。裁判所に支払う費用は1200円（印紙）にすぎないが、そのほか、送達費用として裁判所が定める郵券の前納が必要である。

　調停において、前記（ａ）から（ｇ）の事項をすべて決めなければならないわけではない。必要事項としては（ａ）及び（ｂ）のみで、その他の事項については、改めて当事者間で話し合うなり、調停を申し立てて解決することもできる。

### （3）調停調書の効果

　調停が成立すると、合意事項が調書に記載され、確定裁判と同一の効力を持つ（家手268条1項）。確定判決の効力とは、簡単に述べれば、調停条項が給付の内容であれば執行力を有するということである。例えば、慰謝料として所定の額の支払が合意されていれば、支払義務者の財産を差し押さえることができる。

## 3　裁判離婚

### （1）離婚訴訟

　離婚訴訟を起こすには、離婚調停が不成立であったことを必要とする。そのため提訴に際しては、「調停不成立証明書」を添付する。離婚訴訟の訴訟費用（印紙）は、13,000円であるが、これに慰謝料請求が併合されると、それぞれの請求の価額に応じた訴訟費用を納めなければならない

が、慰謝料請求 160 万円以下の場合には訴訟費用は不要である。離婚訴訟の価額（訴額）は 160 万円とされ、慰謝料請求の審理は離婚原因の判断と重なるため、このような扱いになる。160 万円を超える慰謝料を求める場合には、超える部分についてさらに訴訟費用が求められる。

## （2）離婚原因

　法文上、夫婦の一方は、次に掲げる離婚原因（ア〜オ）がある場合に限り、離婚の訴えを提起することができるが（民 770 条 1 項）、ア〜エは例示にすぎず、離婚原因としては「婚姻を継続し難い重大な事由」一つがあるだけである。裁判所は、ア〜エに掲げる事由がある場合であっても、一切の事情を考慮して婚姻の継続を相当と認めるときは、離婚の請求を棄却することができ（同条 2 項）、結局、離婚の許否は夫婦関係の破たんの事実の認定に係る。

　破たんとは、不貞行為（離婚原因）等により婚姻関係の継続がもはや困難な状況にあり、婚姻関係の回復が期待し得ない場合をいう。

　ア　配偶者の不貞行為（1 号）　　不貞行為とは、配偶者のある者が、自由な意思に基づいて、配偶者以外の者との性的関係を結ぶことをいうと理解されている。配偶者の不貞行為が問われた特異な事件として、次のものがある。

　（a）強姦行為と不貞行為　　夫がその友人とともに 3 人の女性を強姦し、逮捕され、真実を知った妻が離婚を請求した事件において、その夫が強姦した相手の女性に自由な意思はない、だから不貞行為ではない！といって、最高裁まで争った事例がある。結論は言うまでもない。裁判所は、相手方の自由な意思に基づくものであるか否かは問わないとした（最判昭 48・11・15 民集 27-10-1323）。

　（b）当事者双方有責の場合の離婚請求　　妻は、特殊飲食店で働いていて、4 年来遊びに来ていた夫と婚姻したが、夫は、妻と婚姻した後、日が経つにつれて、飲酒して帰宅が遅れたり、はては一ヶ月のうち 3、4 日は帰宅せず、次第にその度を増してゆき、夫婦の間に口論が絶えず、夫婦仲が漸次冷たくなっていき、夫婦間に長男が出生した頃から夫の外泊は更に頻繁となり、しかも、夫は妻に満足な生活費を支給せず、妻は、

僅かな手持衣料品を入質したり、近隣から日常の支払に充てるための金借をしたりして、生活をしのぎ、妻は媒酌人に、夫が必要な生活費を支給するよう、頼んで貰ったが、その効果はなかった。そのため妻は、その日の生活にも事欠き、将来の生活について相談するため、夫の外泊不在中着のみ着のままで長男を連れて実家に帰った。妻は夫と別れるつもりで実家に帰ったわけではなかったが、近隣に不義理をしている関係から夫の許に帰ることができず、さりとて、行商で細々生活している老母の許で無為に過ごすこともできなかったので、自己と長男の生活を支えるため、飲食店、焼鳥屋、夜店の飲み屋、バー等を転々としたが、収入が少ないため、異性と情交関係を持ったり、街頭に立つたりして、生活費を補っていたこと、妻はその間父親不明の子を分娩したこと等の事実を認定した上で、妻が右のような不貞行為を行うに至ったことの原因と責任の大部分は夫に在るとの理由から、妻の不貞行為を原因とする夫の本訴離婚の請求は排斥された（高裁）。しかし最高裁は、妻の有責を民法所定の離婚原因にあたるとして、夫の離婚請求を認め、他方、婚姻の解消により妻の被る不利益の救済は、妻が夫に対し財産分与の請求をすることができるかどうかの問題として、別途、考慮すれば足りるとした（最判昭 38・6・4 家月 15-9-179）。

　本件各級審の判断は、双方有責配偶者の場合の一方から他方への離婚請求の可否を、両者の有責程度の比較により、有責配偶者は離婚請求できないことを前提に判断したものと言える。しかし、今日、日本国の離婚の可否は婚姻関係破たんの有無により判断されるから（後記オ（ｃ）参照）、本件のような比較衡量によることは無用な判断基準である。

　イ　配偶者からの悪意による遺棄（2号）

　夫婦は同居し、互いに協力し扶助しなければならない（民 752 条）ことから、正当な理由もなく同居、協力、扶助の義務を怠ることは悪意の遺棄にあたる。

　（ａ）夫が突然家出して消息不明になり生活費を送らない場合、同居義務及び協力扶助義務違反となる（名古屋地判昭 49・10・1 判タ 320-281）。また、精神病を罹った夫を残して実家に帰ったまま 10 年間夫を顧みな

かった妻も、悪意の遺棄にあたる（岐阜地判昭 31・10・18 下民集 7
-10-2918）。

（ｂ）夫の意に反して妻が自分の兄を同居させ、夫をないがしろにし
たうえに兄のために夫の財産から多額の支出をしたため、夫が同居と扶
助を拒否。そんな夫に対する妻からの「悪意の遺棄」を理由にした離婚
請求を退けた（最判昭 39・9・17 民集 18-7-1461）。

　ウ　配偶者の生死不明 3 年以上（3 号）

配偶者の生死不明 3 年以上とは、最後に生存を確認した時から生死不
明の状態が 3 年以上の場合を指すから、手紙や電話等による音信がある
場合には、生存確認されており、生死不明にならない。

　エ　回復しがたい強度の精神病（4 号）

心神喪失の状況に在って、未だ成年被後見の宣告を受けないものに対
し離婚訴訟を提起しようとする夫婦の一方は、まず、他方に対する成年
被後見の宣告を申請し、その宣告を得て被後見人の後見監督人又は後見
人を被告として訴えを提起する必要がある（最判昭 33・7・25 民集
12-12-1823 参照）。

　オ　その他婚姻を継続し難い重大な事由があるとき（5 号）

（ａ）性格不一致は離婚原因となるか

妻の有責行為で婚姻が破たんした後他女と同棲した夫からの離婚請求
された事案で、「破綻原因の最大のものは夫と妻の生活観、人生観上の隔
絶（いわゆる性格の不一致）であったとしかいうよりほかはなく、両者
の生活観、人生観はそれぞれその本人にとっては価値あるものであるか
ら、右のような隔絶の存在をもって妻は勿論、夫を非難することはでき
ない」として、妻のヒステリー性性格に基づく行為などが婚姻を破たん
させたとされた事例（東京高判昭 54・6・11 判タ 395-63）もあるが、裁
判所が性格不一致を離婚原因として取り上げることは少ない。

（ｂ）宗教団体への入信は離婚原因になるか

エホバの証人へ入信したため離婚が認められた例（名古屋高判平 9 年
（ネ）第 299 号平 10・3・11、東京地判平 8 年（ワ）第 3529 号平 9・10・
23、東京高判昭 63 年（ネ）第 3168 号平 2・4・25、広島地判平成 4 年（タ）

第 5 号平 5・6・28、名古屋地判昭 62 年（タ）第 83 号昭 63・4・18、大分地判昭 60 年（タ）第 32 号昭 62・1・29、浦和地判昭 59・9・19 判タ 545-263）と、否定された例（名古屋高判平 2 年（ネ）第 631 号平 3・11・27）があるが、入信の一事をもって離婚が認められることはなく、入信に伴い、婚姻生活が回復し難いまでに破たんしたか否かが、離婚原因の要素となろう。

　その他、離婚が認められた事例として（東京高判昭 57・10・21 判タ 485-169、仙台地判昭 49・10・8 判時 770-77「創価学会」、名古屋地裁豊橋支判昭 50・10・31 判タ 334-333「ものみの塔」）がある。

　（ｃ）有責配偶者からの離婚請求

　有責配偶者からされた離婚請求について、裁判所はかつてこれを認めなかったが、最大判昭 62・9・2（民集 41-6-1423）は、概ね次の基準を示して、従来の見解と異なる判断をした。それによれば、

①夫婦の別居が両当事者の年齢及び同居期間との対比において相当の長期間に及んでいるか否か、

②夫婦間に未成熟の子が存在するか否か、

③相手方配偶者が離婚により精神的・経済的に極めて苛酷な状況に置かれる等離婚請求を認容することが著しく社会正義に反するといえるような事情が存するか否か、等の諸点を総合的に考慮して、当該請求が信義誠実の原則に反するといえないときには、当該請求を認容することができるとしている。

　有責配偶者からの離婚請求は少なくなく、以下、最近の最高裁判例のいくつかを取り上げておく。

　ｉ　有責配偶者である夫からされた離婚請求であっても、別居が 13 年余に及び、夫婦間の未成熟の子は 3 歳の時から一貫して妻の監護の下で育てられて間もなく高校を卒業する年齢に達していること、夫が別居後も妻に送金をして子の養育に無関心ではなかったこと、夫の妻に対する離婚に伴う経済的給付も実現が期待できることなど判示の事実関係の下においては、右離婚請求は、認容される（最判平 6・2・8 裁判所時報 1116-27）。

ⅱ　有責配偶者からされた離婚請求であっても、夫婦が16年間別居し、その間に未成熟子がいないときには、相手方配偶者が離婚によって精神的・社会的・経済的に極めて苛酷な状態におかれる等離婚請求を認容することが著しく社会正義に反するといえるような特段の事情がない限り、認容される（最判昭63・4・7判タ681-115）。

ⅲ　有責配偶者（妻）から夫に対する離婚請求及び財産分与金700万円の請求について、離婚及び夫に対する妻への200万円の支払命令が認められた事例（最判平5・11・2家月46-9-40）。なお、夫婦の同居期間は17年2か月であったが、別居期間は9年8か月に至り、夫婦間の子2人はいずれも成人している。

ⅳ　有責配偶者である夫（大15年4月生）からの離婚請求であっても、夫婦の別居期間が約15年6か月に及び、その間の子が夫と同棲する女性に4歳時から実子同然に育てられて19歳に達しており、妻（昭9年3月生）は別居期間中夫所有名義のマンションに居住し、主に夫から支払われる婚姻費用によって生活してきたものであり、しかも、妻が離婚によって被るべき経済的・精神的不利益が離婚に必然的に伴う範囲を著しく超えるものではないなどの事情の下では、右離婚請求を認容することが著しく社会正義に反するといえるような特段の事情があるとはいえない（平元9・7民事157-457）。

ⅴ　有責配偶者である夫からされた離婚請求において、事実審の口頭弁論終結時、夫60歳、妻57歳であり、婚姻以来26年余同居して2男2女を儲けた後夫が他の女性と同棲するため妻と別居して8年余になるなど判示の事情のあるときは、夫婦の別居期間が双方の年齢及び同居期間と対比して相当の長期間に及ぶということができず、右離婚請求を認容することができない（最判平元3・28判タ699-178）。

ⅵ　妻（52歳）と夫（51歳）との婚姻関係は完全に破たんしているが、破たんにつき専ら責任のある夫からされた離婚請求は、別居期間（9年余）が同居期間（18年余）等と対比して相当の長期間に及んでいるとまではいえず、また、うつ病で稼働していない上、少なくない負債を抱えている妻が離婚によって精神的・社会的・経済的に極めて苛酷

　な状態におかれるから、信義誠実の原則に照らして許されない（仙台高判平 25・12・26 判タ 1409-267）。

（３）離婚原因の立証　　離婚原因に争いがあれば、これを主張する者が立証しなければならない。民事訴訟では、法が自由心証主義（裁判所が裁判をするのに必要な証拠の証明力を裁判官の自由な判断にゆだねる主義をいう）を採用し、一般的に証拠能力を制限する規定を設けていないことから、立証手段に制限はないとほぼ考えてよいが、度を過ぎた違法収集証拠は排斥される可能性がある（非公開の審議（パワハラ事件）における無断録音テープの証拠能力を否定した東京高判平 28・5・19 平成 28 年（ネ）第 399 号がある）。

　裁判例には、夫婦が共同使用するパソコンの中に保存されたメール（東京地判平 17・5・30 平成 16 年（ワ）第 3939 号）、配偶者が郵便物の局留めの、又は自宅から持ち出した相手方の郵便預金証書、定期預金証書、お利息計算書（東京地判平 17・5・27 平成 15 年（タ）第 531・892 号）、調査会社に依頼した報告書（大阪高判平 21・11・10 家月 62-10-67）、妻から夫の不倫相手に対する慰謝料請求事件において、夫の賃借していたマンションの郵便受けから妻が無断で持ち出した信書（名古屋地判平 3・8・9 判時 1408-105）について、証拠能力に影響はないとした事例がある。

## 第4　離婚時に付随的に決めること

　離婚に際して決めなければならないことは、未成年の子の親権であるが、以下は、通常、離婚時に決められることが多い。

### 1　離婚後の子の監護に関する事項（民 766 条、家手 154 条 3 項）

　父母が協議上の離婚をするときは、子の監護をすべき者、「父又は母と子との面会及びその他の交流」、「子の監護に要する費用の分担」その他の子の監護について必要な事項は、子の利益を最も優先・考慮して、協議で定める。

　協議が調わないとき、又は協議をすることができないときは、家庭裁判所が、これらの事項を定めることができる（申立書について資料④参

照）。家庭裁判所は、必要があると認めるときは、前記監護に関する事項の定めを変更し、その他子の監護について相当な処分を命ずることができる。日本国では、離婚後の共同親権や、親権と監護権との分離を認めないから、親権者が監護権者になり、親権のない者（非監護親）は監護養育費用の支払いと子の面会交流を協議により持つという構図になる。

（1）養育費　　離婚により未成年者の親権を失う者は、話合い又は審判により、養育費を支払う。養育費の額については、裁判所で定めた相場があり（資料⑤⑥参照）、それを参考に決められることが多い。支払終期について特に定めはないが、未成年者のための養育費であり、成年に達するまでとすることが多い。ただし、両親の学歴等を参考に、高校卒業時まで、又は大学卒業予定年月（満22歳の3月）までとすることも少なくない。

　一度決められた養育費は、裁判所における調停や審判であっても、当事者の経済的事情の変更により、いずれからでも、増減を求めることができる。

（2）面会（面接）交流　　従前、民法に面会交流の規定はなかったが、親が子と面接交渉することは子の監護の一内容であり、裁判所は、面接交渉について相当な処分をすることができる（最判平12・5・1家月52-12-31）と理解していた。面会交流や監護費用の分担は、当事者間で対立が大きく、しばしば離婚協議の駆引きの材料にされかねず、これらについては、「子の利益を最も優先・考慮して」協議し、また調停又は裁判すること（申立書につき資料⑦参照）、と民法が改められた（平成23年）。面会交流について、親の権利か子の権利かについては、議論が分かれるところであるが、子の権利とする見解が支配的である。

　　ア　当事者は、面会交流について協議、調停、又は審判により決めることができる。

　　イ　子の利益の判断は、梶村太一『裁判例からみた面会交流調停・審判の実務』282頁によれば、親権者・監護者の安定した一貫性ある監護方針の下で継続的に監護されるか、父親性と母親性が充足されているか否か、これらがバランスよく具備されているか否かによっている。なお、

（ａ）　非監護親が子や監護親に暴力を振るう場合、犯罪等の問題行動を起こす場合、また面会交流のルールを遵守せずまた監護親の監護状況を尊重できない場合には、面会交流が否定されることが多い。

（ｂ）　監護親が再婚し、再婚相手が子と養子縁組をした場合、新たな家庭環境に混乱をもたらすとして、面会交流が否定されることもある。

ウ　子の意思は尊重されなければならず、そのため家裁における調停・審判手続では、子の陳述の聴取、家裁調査官による調査その他の適切な方法により、子の意思を把握するように努め、子の年齢及び発達の程度に応じて、その意思を考慮しなければならない（家手65条）。

エ　家事調停が成立しない場合において、相当と認めるときは、当事者双方のために衡平に一切の事情を考慮して、家裁の職権で、事件の解決のために必要な審判をすることができる（家手284条）。

オ　面会交流の回数、時間、場所、直接・間接（手紙やメール）面会の可否についてのルールはなく、協議により定めることになるが、月一回程度の面会とする取り決めが多い。

## 2　離婚による復氏（民767条）

（1）婚姻によって氏を改めた夫又は妻は、協議上の離婚によって婚姻前の氏に復する（同条1項）が、婚姻前の氏に復した夫又は妻は、離婚の日から3か月以内に戸籍法の定めに従い届け出ることによって、離婚の際に称していた氏を称することができる（同条2項「婚氏続称」）。これには、相手方の同意も裁判所の許可も必要としない。

（2）戸籍法上、「やむを得ない事由」によって氏を変更しようとするときは、戸籍の筆頭に記載した者及びその配偶者は、家庭裁判所の許可を得て、その旨を届け出なければならないとされているが（戸籍107条1項）、婚氏続称の届出をして、婚姻中の氏を使用している者が婚姻前の氏（旧姓）に戻りたいときには、実務上「やむをえない事由」は比較的緩やかに認められている。なお、氏の変更についての許可申立件数は、毎年、1万4千件を超える。

## 3　財産分与（民 768 条）

　協議上の離婚をした者の一方は、相手方に対して財産の分与を請求することができる。財産の分与について、当事者間に協議が調わないとき、又は協議をすることができないときは、当事者は、家庭裁判所に対して協議に代わる処分を請求することができる。ただし、離婚の時から 2 年を経過したときは、この限りでない。家庭裁判所は、当事者双方がその協力によって得た財産の額その他一切の事情を考慮して、分与をさせるべきかどうか並びに分与の額及び方法を定める。

## 4　慰　謝　料

（1）総　　論　　離婚に際しての慰謝料には、①離婚そのものによる慰謝料と、②不貞行為や暴力など離婚原因である行為による慰謝料がある。後者について慰謝料が認められることについては争いがないが、前者については財産分与に包摂されるから不要という考えもあるが、実務は、財産分与とは本質を異にするからこれを肯定する（最三小判昭 31・2・21 民集 10-2-124）。ただし、慰謝料を求める場合、①と②とを区別して求めることは稀である。

　慰謝料額は、①離婚原因の有責性、②精神的苦痛や肉体的苦痛の度合い、③婚姻期間、④当事者の年齢、⑤未成年の子の有無、⑥有責当事者の資力や社会的地位、⑦無責当事者の資力、⑧財産分与の有無や額などを勘案して決定される。一般に 100 万円から 300 万円が多い。

（2）不貞行為慰謝料　　夫婦の一方の配偶者と不貞行為をした相手方は、他方の配偶者に対して違法性ある行為により、その権利を侵害したのであるから、精神上の苦痛を慰謝すべき義務がある（最二小判昭 54・3・30 民集 33-2-303）。夫婦の一方が有する慰謝料請求権の消滅時効は、他方配偶者と第三者との同棲関係を知った時から進行し（最小判平 6・1・20 家月 47-1-122）、また、婚姻関係が破たんした後に生じた不貞については、第三者は不法行為責任を負わない（最三小判平 8・3・26 民集 50-4-993）。

## 5　離婚による復氏の際の権利の承継（民769条）

　婚姻によって氏を改めた夫又は妻が、祭祀に関する権利の承継（同897条）の権利を承継した後、協議上の離婚をしたときは、当事者その他の関係人の協議で、その権利を承継すべき者を定めなければならない。　この協議が調わないとき、又は協議をすることができないときは、祭祀に関する権利を承継すべき者は、家庭裁判所がこれを定める。

## 第5　履行の確保

### 1　履行調査・履行勧告

　家庭裁判所で決めた調停や審判などの取決めを守らない人に対して、それを守らせるための制度として「履行調査」、「履行勧告」（家手289条）がある。相手方が取決めを守らないときには、家庭裁判所に対して口頭又は書面で、履行勧告の申出をすると、家庭裁判所では、義務の履行状況を調査し、義務者に対し、相手方に取決めを守るように説得したり、義務の履行を勧告したりする。履行勧告の申出手続に費用はかからないが、勧告に強制力はない。

### 2　扶養義務等に係る定期金債権を請求する場合の特例

　請求が確定期限の到来に係る場合においては、強制執行は、その期限の到来後に限り、開始することができる（民執30条1項）のが原則である。しかし、債権者が次に掲げる、（a）～（d）の義務に係る確定期限の定めのある定期金債権を有する場合においては、その定期金の額が少額でありかつ債権者の生活維持に不可欠であることから、その一部に不履行があるときは、当該定期金債権のうち確定期限が到来していないものについても、債権執行を開始することができる。ただし、開始する債権執行においては、各定期金債権について、その確定期限の到来後に弁済期が到来する給料その他継続的給付に係る債権のみを差し押さえることができる（同151条の2）。
　（a）夫婦間の協力及び扶助の義務（民752条）
　（b）婚姻から生ずる費用の分担の義務（同760条）

（c）子の監護に関する義務　（同 766 条）

（d）扶養の義務（同 877 条・880 条）

## 第6　刑務所にいる夫と離婚したい件

　刑務所にいる夫と離婚したい場合、特に特別な手続きが設けられているわけではない。服役中の者は何かと寂しさや不便が嵩み、相手方配偶者からの離婚の求めに応じない場合が多い。

　刑務所というところは意外にお金がかかる。管理する側（国）にしても、服役する者にとっても、である。地獄の沙汰も金次第というが、服役者にとって手持ちのお金がないことは極めて心もとない。歯ブラシ、歯磨き粉、ティッシュペーパー、トイレットペーパー、切手、はがき、封筒等日常生活に使用するものはすべて受刑者が購入しなければならない。そのため、大金を持って入所するか、さもなければ刑務所の壁の外の支援者が不可欠であり、お金がないとどうにもならないところである[1]。そのためか、服役者にとって離婚は死活問題であり、配偶者との離婚に応じないことが多い。

　服役者との協議離婚が成立しなければ、調停を申し立てることになる。しかし、服役者の出廷が許されることはない。当事者が裁判所に出頭しない以上、代理人（弁護士）を付ければ別であるが、そうでない限り調停不成立になる。調停不成立になれば離婚訴訟を起こすことになるが、服役者に代理人を付けて争うか、そうでない限り、出頭できないのであるから十分な訴訟活動はありえない。裁判所としても、配偶者は罪を犯しているのだから婚姻関係を継続しがたいとして、離婚を認めるケースが多いであろう。

---

1　法務省によれば、平成 27 年度予算における作業報奨金の 1 人 1 月当たりの 1 人 1 月当たりの平均計算額は、約 5,317 円。

# 第4章　親子法の話

　暴力夫と離婚したチエミは、健（既婚者）と出会い、離婚届を提出してから220日目に健との間の子供を出産した。3,200g男子、母子ともに異常なし。「龍」と名付けた。チエミは子供の父親は健であるので、健を父親として、届けたかったが、そう簡単ではないらしい。友達の旦那で弁護士をしている丸山秀樹が言うには、民法には「婚姻の成立の日から200日を経過した後又は婚姻の解消若しくは取消しの日から300日以内に生まれた子は、婚姻中に懐胎したものと推定する」という規定がある。役所で受け付けてくれないと言う。健は妻に私のことがバレ、携帯電話は取り上げられ、電話番号は変更されたらしく通じない。チエミは、健の住所も勤務先も分からないし・・。そのため、チエミは龍の出生届も出さずにいるため、龍の戸籍は作られていない。

　平成28年3月10日現在で法務省が把握した無戸籍の学齢児童生徒は191人（小学生相当年齢154人，中学生相当年齢37人）いる（文部科学省「無戸籍の学齢児童生徒の就学状況に関する調査結果」）。

## 第1　親子法序説

　子と親の関係を規律する法も国家により異なり、日本国の法制においても旧法と現行法では異なる。明治憲法下の家族法は家制度を核としたものであり（第1章参照）、親子の関係を規律するものとして、家のための親子法が存在したと考えてよい。それは父権的性格を帯びた家長権が存在し、親子法は親のための法律であったといっても過言ではない。新憲法下の親子法は、個人の尊厳を基調とする立場から、子の福祉の観点から子のための親子法に書き換えられたといえる。

## 第2　親　　子

　民法の定める親子関係は、血縁関係を前提とする実親子関係と、法により親子関係を擬制する法定親子関係（「養子」、第5章参照）の2つである。

### 1　実親子関係

　実親子関係は（1）嫡出子（法律上の婚姻関係にある男女の間に生まれた子）と（2）非嫡出子とに分類され、嫡出子は推定される嫡出子（ア）と推定されない嫡出子（イ）に分類される。

### （1）嫡　出　子

　ア　推定される嫡出子　　推定される嫡出子とは、妻が婚姻中に懐胎した子をいう（民772条1項）。また、（a）婚姻の成立の日から200日を経過した後（同200日目を含まず）又は（b）婚姻の解消若しくは取消しの日から300日以内に生まれた子である（同条2項）。したがって、子の血縁上の父と元夫とが異なるときであっても、離婚から300日以内に出生したときは、原則として，元夫を父とする出生の届出（資料⑧参照）しか受理されない。しかし、平成19年5月21日から、婚姻の解消又は取消し後300日以内に生まれた子の出生の届出の取扱いが変更されることになった（平成19年5月7日付の法務省民事局長通達）。すなわち、「懐胎時期に関する証明書」が添付された出生の届出については、当該証明書の記載から、推定される懐胎の時期の最も早い日が婚姻の解消

又は取消しの日より後の日である場合に限り、婚姻の解消又は取消し後に懐胎したと認められ、民法772条の推定が及ばないとする。

　　イ　内縁夫婦の子への民法772条の類推適用　　なお、内縁の妻が内縁関係成立の日から200日後、解消の日から300日以内に分娩した子は民法772条の趣旨にしたがい内縁の夫の子と推定する（最判昭29・1・21民集8-1-87）。

【図1】

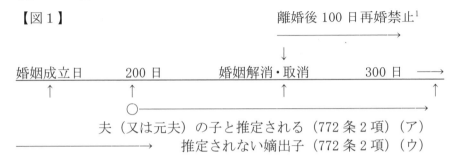

　　ウ　推定されない嫡出子　　婚姻成立後200日以内に生まれた子は、夫の子であるが嫡出が推定されない子になる。

　　エ　代理母の問題　　女性が自己以外の女性の卵子を用いた生殖補助医療により子を懐胎し出産した場合における出生した子の母は、その子を懐胎し出産した女性であり、出生した子とその子を懐胎、出産していない女性との間には、その女性が卵子を提供していたとしても、母子関係の成立は認められないとするのが、最判平19・3・23（家月59-7-72）であり、母子関係は出産という客観的事実により当然に成立するとするのが、裁判所の一貫した立場である（古くは、最判昭37・4・27民集16-7-1247）。

（2）非嫡出子

　　非嫡出子とは、法律上の婚姻関係がない男女の間に生まれた子（旧法下の認知されない「私生児」と認知された「庶子」に相当）をいう。非嫡出子は、その父または母が認知（後記第3参照）することができる（同779条）。

（3）準　　正

　非嫡出子であっても、①父が認知した子は、その父母の婚姻によって嫡出子の身分を取得し（婚姻準正）、②婚姻中父母が認知した子は、その認知の時から、嫡出子の身分を取得し（認知準正）、③子が既に死亡していた場合について　①及び②が準用される（同789条）。

　ただし、相続に関しては、死後強制認知（民787条）の場合、婚姻準正と同様、婚姻の時から準正の効果が生じる（昭和42.3.8民甲373回答）。

2　親子関係存否の争いがある場合
（1）平成19年5月7日付の法務省民事局長通達（前記1(1)ア参照）
（2）嫡出否認の手続

　前記1（1）（ア）の嫡出推定が働く場合において、子が夫の実の子でないとして争うことを嫡出否認という。嫡出否認の手続は、まず（ア）嫡出否認調停を起こし（調停前置主義）、不成立の場合には、（イ）嫡出否認の訴えによる。これらの申立ては、身分関係の安定という要請から、夫が子の出生を知った時から1年以内に提起しなければならない（同777条）。ただし、提訴期間は、夫が成年被後見人であるときは、後見開始の審判の取り消しがあった後、夫が子の出生を知った時から起算する（同778条）。なお、「夫が子の出生を知った時」とは、文字通り解すれば、妻が子を分娩した事実を自認したときになるが、夫が否認すべき事実を調査し、否認すべきかを決断するには1年という期間は短すぎるとして、夫が「否認すべき事実ないし原因を知ったとき」と解するのが相当であるとした裁判例もある（松江家審昭46・9・30家月24-9-173、奈良家審平4・12・16家月46-4-56）。

　ア　嫡出否認調停　　申立人は、夫、夫の成年後見人、成年後見監督人、その子どものために相続権を害される者、その他、夫が子どもの出生前又は否認の訴えを提起できる期間内に死亡したときは、夫の3親等内の血族である。申立人の戸籍謄本（全部事項証明書）子の戸籍謄本（全部事項証明書）（出生届未了の場合，子の出生証明書写し及び母の戸籍謄本（全部事項証明書）を添付して、相手方（子ども又は親権を行う母）

の住所地の家庭裁判所又は当事者が合意で定める家庭裁判所に申し立てる方法による。

　イ　嫡出否認の訴え　　（ａ）この嫡出否認は、夫が、子又は母を訴えることによる（同 774・775 条）。親権を行う母がないときは、家庭裁判所は、特別代理人を選任しなければならない（同 775 条）。

　（ｂ）原告となりうる者は、原則、子の母の夫であるが、夫が子の出生前に死亡したとき又は夫が子の出生を知った時から 1 年以内に嫡出否認の訴えを提起しないで死亡したときは、その子のために相続権を害される者その他夫の 3 親等内の血族は、嫡出否認の訴えを提起することができる。この場合においては、夫の死亡の日から 1 年以内にその訴えを提起しなければならない（人訴 41 条 1 項）。

　（ｃ）夫が嫡出否認の訴えを提起した後に死亡した場合、一般原則に従えば、夫の相続人が訴訟を承継することになるが（民訴 124 条 1 項後段）、本訴訟においては、前記（ｂ）の者は、夫の死亡の日から 6 月以内に訴訟手続を受け継ぐことができる（人訴 41 条 2 項）。

　（ｄ）なお、夫は、子の出生後において、その嫡出であることを承認したときは、その否認権を失う（同 776 条）。嫡出推定を受けない子にも嫡出の承認は認められるため、「嫡出の承認」というよりも、「父性の承認」という表現の方が内実に適っている。そのため、嫡出推定を受けない子を承認した場合には、もはや親子関係不存在の訴えにより父子関係を否定することはできない。また、ここにいう承認は、子の出生後の生活関係を鑑みて判断される。

## （3）親子関係不存在確認手続

　ア　夫との間の子どもであることを否定するためには、原則として前記嫡出否認の手続（2）によることになるが、婚姻中又は離婚後 300 日以内に生まれた子どもであっても、①夫の長期海外出張、②夫ないし妻の家出、③受刑、④別居、⑤夫の生死不明・失踪宣告等で子の母と性的交渉がなかった場合や⑤夫の生殖不能など、妻が夫の子どもを妊娠する可能性がないことが客観的に明白である場合には、夫の子であるとの民法 772 条の嫡出推定を受けるわけではないので、そのような場合には、

相手方の住所地の家庭裁判所又は当事者が合意で定める家庭裁判所に、親子関係不存在確認の調停もしくは審判の申立てないし親子関係不存在確認訴訟を提起することができる。

　申立をすることができるのは、子、夫、母、親子関係について直接身分上利害関係を有する第三者である。

　イ　審判は原則として当事者の合意に基づくものであるから、当事者双方の間で、子どもが夫婦の子どもではないという合意ができ、家庭裁判所が必要な事実の調査等を行い、その合意が正当であると認めれば、合意に従った審判がなされる。これに対して、訴訟は、当事者間にかかる合意が存在しない場合である。

（4）父を定めることを目的とする訴え

　ア　再婚禁止期間の規定（改正前同733条1項は半年と定めていたが、2015年12月最高裁は100日を超える部分は違憲とした）に違反して再婚をした女が出産した場合において、嫡出推定規定（同772条）によりその子の父を定めることができないときは、裁判所が、これを定める（同773条）。女性が離婚し、本籍を変更した後、転籍後の戸籍に基づき再婚届を提出すると、転籍後の戸籍には前婚の離婚事項は移記されないため、再婚期間禁止違反の再婚が生じることがある。かかる場合、前婚解消後300日以内、後婚成立200日以内に子が出生することがあり、父を定める訴えを起こす必要がある場合が生じる。

　イ　原告となりうる者は、子、母、母の配偶者又はその前配偶者であり（人訴43条1項）、原告が子又は母であるときは、母の配偶者及びその前配偶者（その一方が死亡した後は、他の一方）を被告に、母の配偶者が原告であるときは、母の前配偶者を被告に、母の前配偶者が原告のときは、母の配偶者を被告とし、これら被告とすべき者が死亡した後は、検察官を被告とする（同条2項）。

　この手続にも、父を定めることを目的とする訴えのほかに、父を定めることを目的とする調停がある。

# 第3　認　　知

## 1　日本国の認知法

認知法制には、父の意思表示によって非嫡出関係を発生させ、父が意思表示しないときは父に意思表示を命じる意思主義と、認知は真実の父子関係を確定するための手続きであるとの見地から、父の意思を全く問題にしない事実主義の2つの立法主義がある。日本国は、任意認知と裁判（強制）認知を認め、両者を併せ持つ折衷的法制の採用となっている。

## 2　任意認知

（1）嫡出でない子は、その父又は母がこれを認知することができる（民779条）。認知をするには、父又は母が未成年者又は成年被後見人であるときであっても、その法定代理人の同意を要しない（同780条、戸32条）。

（2）認知は、戸籍法 の定めるところにより届け出ることによってする（同781条）。認知をしようとする者は、①父が認知をする場合には、母の氏名及び本籍 、②死亡した子を認知する場合には、死亡の年月日並びにその直系卑属の氏名、出生の年月日及び本籍を届書に記載して、その旨を届け出なければならない（戸60条）。 したがって、認知は単独行為であり、認知される子及びその子の母の同意は必要ない。

　ただし、（a）成年の子は、その承諾がなければ、これを認知することができない（民782条）。また、（b）胎内に在る子を認知する場合には、母の承諾を得て（同783条1項）、届書にその旨、母の氏名及び本籍を記載し、母の本籍地でこれを届け出なければならない（戸61条）。さらに、（c）死亡した子の認知する場合、その直系卑属があるときに限り、認知することができる。この場合においも、その直系卑属が成年者であるときは、その承諾を得なければならない（民783条2項）。

（3）任意認知制度は意思主義を明らかにした規定であり、裏を返せば、真実の親子関係がなくとも、意思表示により戸籍上親子関係を形成することができることを意味する。その結果、認知の届出が事実に反するため無効である場合には、認知者が、被認知者を自己の養子とすることを意図し、後日、被認知者の母と婚姻した事実があるとしても、右認知届

をもって養子縁組届とみなし、有効に養子縁組が成立したものとすることはできないが（最判昭54・11・2判タ408-75）、被認知者は、嫡出推定を受ける者でない限り、その戸籍の訂正を待つまでもなく、実父又は実母に対し認知の訴えを提起することができる（最判昭 49・10・11 家月27-7-46）。

　なお、血縁上の親子関係にある父が、子を認知する意思を有し、かつ、他人に対し認知の届出の委託をしていたときは、届出が受理された当時父が意識を失っていたとしても、その受理の前に翻意したなど特段の事情のない限り、右届出の受理により認知は有効に成立する（最判昭54・3・30家月31-7-54）。

（4）父が妾の子を本妻との間の子として嫡出子出生届をした場合、旧民法下では、庶子制度が存在したため（第1章第2参照）、その子を本妻の嫡出子として届け出た場合には、認知の効力があると解されていた。現行法上、庶子制度は廃止されたが、嫡出子出生届けにはやはり認知の効力がありとされている（最判昭53・2・24民集32-110）。ただし、血縁関係のない子を嫡出子として届け出ても、認知の効力は生じない（最判昭50・9・30家月28-4-81）。

（5）認知は、遺言によっても、することができる（民781条2項）。遺言による認知の場合には、遺言執行者は、その就職の日から10日以内に、認知に関する遺言の謄本を添附して、①父が認知をする場合には、母の氏名及び本籍、②死亡した子を認知する場合には、死亡の年月日並びにその直系卑属の氏名、出生の年月日及び本籍を記載し届け出なければならない。③胎内に在る子を認知する場合には、届書にその旨、母の氏名及び本籍を記載し、母の本籍地でこれを届出なければならない（戸籍64条、60条、61条）。

（6）認知者と認知された子との間に血縁関係がない場合　認知をした父又は母は、その認知を取り消すことができないが（民785条）、無効原因となる手続上の瑕疵がある場合（認知者の意思能力の欠如、認知届が認知者の意思に基づかない場合など）、子その他の利害関係人は、認知に対して反対の事実を主張（「認知無効の訴え」）することができる（同

786 条）。

### 3　認知の訴え（強制認知）

　ア　父が任意認知（同 779 条）をしないときは、子、その直系卑属又はこれらの者の法定代理人は、認知の訴えを提起することができる（同 787 条）。これを「裁判認知」ないし「強制認知」と呼ぶ。ただし、父又は母の死亡の日から 3 年を経過したときは、この限りでない（同条但書）。胎児及びその母は、この訴えを提起することができない。

　イ　認知の訴えにおいては、父又は母を被告とし、その者が死亡した後は、検察官を被告とする（人訴 42 条 1 項）。原告である子が認知訴訟係属中に死亡した場合、一般規定によれば当該人事訴訟は当然に終了することになるが（同 27 条 1 項）、例外として法は、子の直系卑属又はその法定代理人は、父又は母の死亡から 3 年経過後は、子の死亡の日から 6 か月以内に訴訟手続を受け継ぐことができるとしている（同 42 条 3 項）。子（原告）が認知の訴訟係属中に死亡した場合、その直系卑属又はその法定代理人が認知を求めて改めて訴訟を提起しようとした（民 787 条）が、父がすでに死亡しており死後 3 年を超過しているときには、新たに

| 【別表 1】 | 申立人（原告） | 相手方（被告） | 手続要件等 |
|---|---|---|---|
| 嫡出否認訴訟 | （元）夫（子の父と推定される者） | 子又は親権を行使する母 | （元）夫が子の出生を知ったときから 1 年以内（民 777 条） |
| 親子関係不存在確認の訴え | 子　　　　→ | （元）夫 | 客観的に民 772 条の嫡出推定が及ばないこと |
| | （元）夫　　→ | 子 | |
| | 血縁上の父　→ | （元）夫及び子 | |
| 父を定める訴え（民 773 条） | 子又は母　　→ | 母の配偶者及びその前配偶者 | 再婚禁止期間に違反して再婚した女が出産した場合で、嫡出推定規定によりその子の父を定めることができないとき |
| | 母の配偶者　→ | 母の前配偶者 | |
| | 母の前配偶者→ | 母の配偶者 | |
| 認知無効の訴え（民 786 条） | 子　　　　→ | 認知者 | 認知者は原告になれない |
| | 利害関係人　→ | 子及び認知者 | |
| 認知の訴え（強制認知）（民 787 条） | 子、その直系卑属又はこれらの者の法定代理人 | 認知を求められる父又は母（家手 42 条） | 父又は母の死亡の日から 3 年以内。父死亡の場合調停不要。 |
| 親子関係存在確認の訴え | 子 | 母 | 母死亡の場合（調停不要）検察官を被告とする |

訴えを提起できないという不都合な事態が生ずることを避けるためである。

　ウ　認知の裁判が確定したときは、訴えを提起した者は、裁判が確定した日から 10 日以内に、裁判の謄本を添附して、その旨を届け出なければならず、その届書には、裁判が確定した日を記載しなければならない。訴えを提起した者が前記の届出をしないときは、その相手方は、裁判の謄本を添付して、認知の裁判が確定した旨を届け出ることができる（戸 63 条）。

　ここでも、調停前置が採用されている。


## 第4　無戸籍者の戸籍

### 1　戸籍の取得

（1）無戸籍の者が自らを戸籍に記載するための手続には、母の元夫を父とする戸籍の記載を求める場合と、母の元夫を父としない戸籍の記載を求める場合とがある。

　無戸籍の子が母の元夫を父とする戸籍の記載を求める場合には、法務局において母子関係の認定をすることができる限り、裁判手続によることなく手続をすることができる。この場合には、原則として、母の元夫の氏を称し、その戸籍に記載されることになる。

（2）無戸籍の子が元夫を父としない戸籍の記載を求める場合には、裁判手続において嫡出推定の及ばない事情が証明されれば、嫡出否認の手続によることなく元夫との父子関係を争うことが可能とされており、その結果、元夫との間に父子関係がないことが明らかになれば、母の氏を称し、その戸籍に記載されることになる。

（3）裁判手続により，母子関係を認定した上で，元夫の子でないと認定された場合の戸籍

　無戸籍の子から出生事項記載申出書、裁判書の謄本（親子関係不存在確認若しくは強制認知の申立て又は請求を認容する審判書又は判決書の謄本）及び確定証明書を市区町村の戸籍窓口に提出する。これを受けて，

母の本籍地の市区町村から母に対し、出生の届出をするよう催告をするが、それでも出生届出がされない場合や、母が死亡し、又は所在不明になっていることから催告をすることができない場合には、母の本籍地の市区町村長において、法務局長の許可を得た上で、職権で無戸籍の子を母の戸籍に記載する。この場合、無戸籍の子は母の氏を称し、その父欄は、親子関係不存在確認の手続をとっている場合には空欄となり、強制認知の手続をとっている場合には血縁上の父の氏名が記載される。

## 2　無戸籍の子が戸籍に記載されるまでの間の婚姻の届出及び行政サービス[1]

### （1）婚姻届

　無戸籍の子を婚姻の当事者の一方とする婚姻届を提出する場合，相手方の氏を夫婦が称する氏とする届出であり、添付書類から婚姻要件を満たすことが認められるときは、婚姻の届出は受理される。市区町村の戸籍窓口に婚姻届書を提出する際の添付書類は、次の通り。

　（ a ）無戸籍の子の配偶者となる者の戸籍謄本等、（ b ）無戸籍の子が住民票に記載されている場合は，その住民票の写し、（ c ）母が戸籍に記載されている場合は、無戸籍の子の出生時の母の戸籍又は除籍の謄本等、（ d ）母子関係のあることを証する資料、例、①医師，助産師等が発行した出生証明書、②母子健康手帳、③幼稚園，保育園等に入園していたときの記録，小学校等の在学証明書等、④母子共に写っている写真

### （2）行政上のサービス

　親子関係不存在確認や強制認知等の手続を行っていることの疎明資料その他必要書類を添付の上申出がなされたときには、次のサービスを受けることができる。

　ア　住民票への記載　　市区町村長は，申出内容を審査の上適当と認める場合に職権で子を住民票に記載することができる。

　イ　旅　　券　　人道上やむを得ない理由により、戸籍への記載を待たずに渡航しなければならない特別の事情があると認められる場合に

---

1　法務省「無戸籍の方が自らを戸籍に記載するための手続等について」参照。

は、旅券の発給を受けることができる。

# 第5章　養子縁組の話

## ■藁（わら）の上からの養子—————

「藁の上からの養子」とは、他人の子を実子として出生届けをして育てることをいう。このようにすることによって、戸籍上は実子としての外観を備えることになるため、養子であることを隠す方法として古くから行なわれてきた。ちなみに、「藁」とは産褥（さんじょく：お産をする寝床）にしくワラから転じた産褥の意味（妊娠及び分娩によってもたらされた母体や生殖器の変化が、分娩の終了から妊娠前の状態に戻るまでの期間のこと）で、産褥（期）から出て子の生まれたことを世間に公表する前に、この子をもらい受けるということである。ところで、キリスト

も、聖徳太子も、秀吉も馬小屋（藁の上）で出産したとされているが、真偽は判らない。

## 第1　養子制度の話

養子制度は世界各国、古代の昔からあったようである。日本国では、旧法時代、家を残すため、また、老後の問題を解消するための制度としてあったが、今日では、当事者が養子制度をどのような目的のために考えるかは別として、子の福祉の観点から法制化されている。家のための養子縁組から、親のための養子縁組へ、そして子のための養子縁組へと変遷している。未成年者の養子縁組に家庭裁判所の許可が必要（後記）であるのは端的にその表れといってよい。

恵まれない出自を持つ者はいつの世も絶えず、かつては藁の上からの養子として、また里子として里親へと送られた子も少なくないはずである（里親制度は養子縁組制度と異なり戸籍上の繋がりはない）。今日、実親と生活を共にしない子は全国に約46,000人いるという（0歳児の話であるが、平成24年度に東京都の乳児院に措置されたのは218人いるが、里親に委託された0歳児は2人にすぎない）。熊本県熊本市の慈恵病院は、2007年5月から、赤ちゃんポスト先進国ともいえるドイツのベビークラッペ(Baby Klappe)を視察し参考にして、日本版あかちゃんポスト「こうのとりゆりかご」を設置して、これまで約100人の命を救ったが、日本のあかちゃんポストは唯一、この病院だけである。ドイツでは15年前から、福祉団体やＮＧＯが、国内100か所余りにポストを設置しているというが、そもそも赤ちゃんポストは中世ヨーロッパでは一般的な制度だったとされており、19世紀ごろまで続いた。赤ちゃんポストについて賛否があることは周知のとおりであるが、これにより尊い命が救われていることは否定できない。

かつて日本国の出生届制度は比較的ルーズに行われていた。今日、出生届出は14日以内（国外で出生があったときは、3箇月以内）に、出生証明書を届書に添付しなければならないが（戸49条3項）、かつてはこの添付は必要なく、ほぼ無審査で受理された。そのため、出生後、しば

らくしてから届け出が提出されたり（出生日の偽届）、藁の上からの子を実子として届け出たりすることは珍しいことではなかった。しかし、医師の出生証明書の添付が必要になり、藁の上からの子を嫡出子として扱うことができなくなり、昭和の終わりの時代、出生しても育てられない親や子供に恵まれない者のために、出生届を偽造して、他人の子 100 人以上を第三者に斡旋する医師が宮城県石巻市に現れた（菊田医師・赤ちゃんあっせん事件）。この医師は出生証明書偽造で 1973 年に告発され、罰金 20 万円の略式命令、厚生省から 6 ヶ月の医療停止の行政処分を受けるが、この事件を契機に、子の出自が判らない制度、すなわち「特別養子縁組」が法制化された。昭和 62 年のことである。なお、この医師は、第 2 回国際生命尊重会議（東京大会・1991 年）で「世界生命賞」（昔、マザーテレサも受賞した）を受賞している。

　現在、この特別養子縁組制度を利用した、子を授からない夫婦への子の積極的なあっせんが民間団体により行われている。なお、最高裁の司法統計によると年間 400〜500 件の特別養子縁組が許可されている。

## 第2　普通養子縁組の成立

　養子縁組が成立するためには、実質的な要件と届出という形式的な要件とが必要である。なお、特別養子縁組については、後記第 6 参照のこと。

### 1　縁組の実質的要件
### （1）縁組の意思

　当事者間に縁組の意思があること。したがって、「人違いその他の事由によって当事者間に縁組をする意思がないとき」は、無効である（民 802 条 1 号）。判例上、兵役義務を免れる目的に出た仮装縁組、芸妓稼業をさせることのみを主眼とする養子縁組は無効（前者につき大判明 39・11・27 刑録 12-1288、後者につき大判大 11・9・27 民集 1-448）とされたが、情交関係にあった男女の一方が、自己の財産を相続させて死後の供養を託する意思をもっての縁組は有効（最判昭 46・10・22 民集 25-7-985）と

された。なお、縁組は身分行為であり、意思能力があれば足り、成年被後見人も本心に復していれば後見人の同意を要しない[1]。

### （2）養親となる者の年齢

成年に達した者は、養子をすることができる（同792条）。 擬制された成人でもよい。

### （3）尊属又は年長者を養子とすることの禁止

尊属又は年長者は、これを養子とすることができない（同793条）。

### （4）後見人が被後見人を養子とする縁組

後見人が被後見人（未成年被後見人及び成年被後見人をいう。以下同じ。）を養子とするには、家庭裁判所の許可を得なければならない。後見人の任務が終了した後、まだその管理の計算が終わらない間も、同様とする（同794条）。

### （5）配偶者のある者が未成年者を養子とする縁組

配偶者のある者が未成年者を養子とするには、配偶者とともにしなければならない（同795条本文）。配偶者の嫡出である子を養子とする場合又は配偶者がその意思を表示することができない場合は、この限りでない（同条但書）。

### （6）配偶者のある者の縁組（同796条）

配偶者のある者が縁組をするには、その配偶者の同意を得なければならない。ただし、配偶者とともに縁組をする場合又は配偶者がその意思を表示することができない場合は、この限りでない。

夫婦共同して養子縁組をするものとして届出がされ、その一方につき縁組をする意思がない場合には、原則として、縁組の意思のある他方の配偶者についても縁組は無効であるが、その他方の縁組の相手方との間に単独でも親子関係を成立させることが趣旨にもとるものではないと認められる特段の事情がある場合には、縁組の意思を欠く当事者の縁組の

---

1 「成年被後見人が婚姻をするには、その成年後見人の同意を要しない。」（民738条）及び「婚姻は、戸籍法（昭22年法律第224号）の定めるところにより届け出ることによって、その効力を生ずる。この届出は、当事者双方及び成年の証人2人以上が署名した書面で、又はこれらの者から口頭で、しなければならない。」（同739条）の規定は、縁組について準用する（同799条）。

みを無効とする（最判昭 48・4・12 民集 27-3-500）。

（7）代諾縁組（15 歳未満の養子縁組）（同 797 条）

　ア　養子となる者が 15 歳未満であるときは、その法定代理人が、これに代わって、縁組の承諾をすることができる（同条 1 項）。なお、真実でない戸籍上の親の代諾は無効であるが、養子は満 15 歳に達した後は、明示又は黙示に追認することができる（最判昭 27・10・3 民集 6-9-753）。

　イ　法定代理人が上記の承諾をするには、養子となる者の父母でその監護をすべき者であるものが他にあるときは、その同意を得なければならない。養子となる者の父母で親権を停止（喪失ではない）されているものがあるときも同様で、この場合、親子の再統合が期待されている（平成 23 年改正）。

　児童福祉施設の長は、入所中の児童等で親権を行う者又は未成年後見人のないものに対し、親権を行う者又は未成年後見人があるに至るまでの間、親権を行うが、養子縁組の承諾をするには、厚生労働省令の定めるところにより、都道府県知事の許可を得なければならない（児福 47 条 1 項）。

　ウ　前記イに違反した縁組は、縁組の同意をしていない者から、その取消しを家庭裁判所に請求することができる。ただし、その者が追認をしたとき、又は養子が 15 歳に達した後 6 箇月を経過し、若しくは追認をしたときは、この限りでない（民 806 条の 3 第 1 項）。

　エ　詐欺又は強迫によって、配偶者のある者の縁組（民 796 条・前記（6）参照）の同意をした者は、その縁組の取消しを家庭裁判所に請求することができる。ただし、その者が、詐欺を発見し、若しくは強迫を免れた後 6 箇月を経過し、又は追認をしたときは、この限りでない（同 806 条の 2 第 2 項）。

（8）未成年者の養子縁組

　未成年者を養子とするには、家庭裁判所の許可を得なければならない。ただし、自己又は配偶者の直系卑属を養子とする場合は、この限りでない（同 798 条）。親のための養子にならないようにするためである。

## 2　縁組の形式的要件

養子縁組は、戸籍法の定めるところに従い届け出ることにより成立する。縁組の成立に家裁の許可を必要とするときは、届書に裁判又は許可書の謄本を添付しなければならない（戸38条2項）。当事者が縁組の届出をしないときは、無効である（民802条2号）。

# 第3　養子縁組の取消

養子縁組の取消は、以下の法定事由（同804条〜808条）のある場合に限られる（同803条）。

## 1　養親が未成年者である場合の取消（民804条）

養親となる者の年齢規定（成年に達していること）（同792条）に違反した縁組は、養親又はその法定代理人から、その取消しを家庭裁判所に請求することができる。ただし、養親が、成年に達した後6箇月を経過し、又は追認をしたときは、この限りでない。

## 2　養子が尊属又は年長者である場合の取消（同805条）

尊属又は年長者を養子とすることの禁止規定（同793条）に違反した縁組は、各当事者又はその親族から、その取消しを家庭裁判所に請求することができる。

## 3　後見人と被後見人との間の無許可縁組の取消（同806条）

後見人が被後見人を養子とする縁組（同794条）の規定に違反した縁組は、養子又はその実方の親族から、その取消しを家庭裁判所に請求することができる。ただし、管理の計算が終わった後、養子が追認をし、又は6箇月を経過したときは、この限りでない。なお、追認は、養子が、成年に達し、又は行為能力を回復した後にしなければ、その効力を生じない。また、養子が、成年に達せず、又は行為能力を回復しない間に、管理の計算が終わった場合には、前記6か月の期間は、養子が、成年に達し、又は行為能力を回復した時から起算する。

## 4　配偶者の同意のない縁組等の取消（民 806 条の 2）

配偶者のある者の縁組（同 796 条）の規定に違反した縁組は、縁組の同意をしていない者から、その取消しを家庭裁判所に請求することができる。ただし、その者が、縁組を知った後 6 箇月を経過し、又は追認をしたときは、この限りでない。

詐欺又は強迫によって配偶者のある者の縁組の同意をした者は、その縁組の取消しを家庭裁判所に請求することができる。ただし、その者が、詐欺を発見し、若しくは強迫を免れた後 6 箇月を経過し、又は追認をしたときは、この限りでない（同 806 条の 2 第 2 項）。

## 5　子の監護をすべき者の同意のない縁組等の取消（民 806 条の 3）

15 歳未満の者を養子とする縁組（同 797 条 2 項）の規定に違反した縁組は、縁組の同意をしていない者から、その取消しを家庭裁判所に請求することができる。ただし、その者が追認をしたとき、又は養子が 15 歳に達した後 6 箇月を経過し、若しくは追認をしたときは、この限りでない。

民法 806 条の 2 第 2 項の規定（詐欺又は強迫によって第 796 条の同意をした者は、その縁組の取消しを家庭裁判所に請求することができる。ただし、その者が、詐欺を発見し、若しくは強迫を免れた後 6 箇月を経過し、又は追認をしたときは、この限りでない。）は、詐欺又は強迫によって第 797 条 2 項（法定代理人が・・承諾をするには、養子となる者の父母でその監護をすべき者であるものが他にあるときは、その同意を得なければならない。養子となる者の父母で親権を停止されているものがあるときも、同様とする。）の同意をした者について準用する。

## 6　養子が未成年者である場合の無許可縁組の取消し（同 807 条）

家庭裁判所の許可を得ていなかった代諾縁組は、養子、その実方の親族又は養子に代わって縁組の承諾をした者から、その取消しを家庭裁判所に請求することができる。ただし、養子が、成年に達した後 6 箇月を経過し、又は追認をしたときは、この限りでない。

## 7 詐欺又は強迫による婚姻の取消し等の規定の準用（同808条）

縁組をするについて当事者の一方が相手方又は第三者から詐欺・強迫を受けた場合には、養親又は養子はその縁組の取消を求めることができる。取消権の行使期間は、6か月である（本条1項但書）。養子は縁組の取消しによって縁組前の氏に復する（同条2項）。

## 第4　養子縁組の効果

養子は、縁組の日から、養親の嫡出子の身分を取得する（民809条）。養子は、養親の氏を称する。ただし、婚姻によって氏を改めた者については、婚姻の際に定めた氏を称すべき間は、この限りでない（同810条）。子が養子であるときは、養親の親権に服する（同818条2項）。

## 第5　養子縁組の解消

養子縁組の解消の基本的な考え方は、婚姻の解消とほぼ同じである。

### 1　協議離縁

（1）縁組の当事者は、その協議で、離縁をすることができる（民811条1項）。

（2）養子が15歳未満であるときは、その離縁は、養親と養子の離縁後にその法定代理人となるべき者との協議でこれをする（同条2項）。

（3）この場合、養子の父母が離婚しているときは、その協議で、その一方を養子の離縁後にその親権者となるべき者と定めなければならない（同条3項）。

（4）この協議が調わないとき、又は協議をすることができないときは、家庭裁判所は、前記（3）の父若しくは母又は養親の請求によって、協議に代わる審判をすることができる（同条4項）。

（5）法定代理人となるべき者がないときは、家庭裁判所は、養子の親族その他の利害関係人の請求によって、養子の離縁後にその未成年後見人となるべき者を選任する（同条5項）。

（6）養親が夫婦である場合において未成年者と離縁をするには、夫婦

が共にしなければならない。ただし、夫婦の一方がその意思を表示することができないときは、この限りでない（民 811 条の 2）。

（7）協議離縁の取消　詐欺又は強迫によって離縁をした者は、その取消しを家庭裁判所に請求することができる。この取消権は、当事者が、詐欺を発見し、若しくは強迫を免れた後 6 箇月を経過し、又は追認をしたときは、消滅する（同 812 条、747 条）。

## 2　死後離縁

　婚姻関係と異なり、当事者の一方の死亡（又は失踪宣告）により、養子縁組は解消されることはない。養親の一方が死亡し、生存養親と養子とが離縁しても亡養親との養親子関係及び血族関係は残存する。当事者の一方が死亡した後に生存当事者が離縁をしようとするときは、家庭裁判所の許可を得て、これをすることができる（同 811 条 6 項）。すなわち、養子と亡養親側の生存法定血族との間の親族関係を消滅させることができる。

## 3　調停離縁

　養親子間で一方が離縁を希望するものの話合いが付かない場合やできないという場合には、調停手続を利用することができる（家手 244 条）。申し立てることができるのは、養親又は養子であるが、養子が 15 歳未満のときは離縁後の法定代理人が養子を代理して申立てる（同 17 条 1 項）。申立先は、相手方の住所地の家庭裁判所になる（同 245 条 1 項）。

## 4　裁判離縁

（1）縁組の当事者の一方は、次に掲げる場合に限り、離縁の訴えを提起することができる（民 814 条 1 項）。なお、裁判所は、（a）及び（b）の離縁事由がある場合であっても、一切の事情を考慮して縁組の継続を相当と認めるときは、離縁の請求を棄却することができる（同条 2 項）。

　　（a）他の一方から悪意で遺棄されたとき。

　　（b）他の一方の生死が 3 年以上明らかでないとき（昭和 62 年改正）。

　　（c）その他縁組を継続し難い重大な事由があるとき。

（2）養子が 15 歳に達しない間は、協議離縁の規定（同 811 条）により養親と離縁の協議をすることができる者から、又はこれに対して、離縁の訴えを提起することができる（同 815 条）。

## 第6　離縁の効果

（1）養子及びその配偶者並びに養子の直系卑属及びその配偶者と養親及びその血族との親族関係は、離縁によって終了する（同 729 条）。したがって、縁組後に婚姻した養子の配偶者、縁組後に生まれた養子の子及びその配偶者と、養親及びその血族との間の親族関係も消滅する。

（2）養子若しくはその配偶者又は養子の直系卑属若しくはその配偶者と養親又はその直系尊属との間では、離縁による親族関係の終了（同 729 条）の規定により親族関係が終了した後でも、婚姻をすることができない（同 736 条）。

（3）養子は、離縁によって縁組前の氏に復する。ただし、配偶者とともに養子をした養親の一方のみと離縁をした場合は、この限りでない。縁組の日から 7 年を経過した後に縁組前の氏に復した者は、離縁の日から 3 箇月以内に戸籍法 の定めるところにより届け出ることによって、離縁の際に称していた氏を称することができる（同 816 条）。養子の子の氏は養子（子の親）の離縁により変更しないので、同一の氏を称したいときは子の氏の変更手続きをとらなければならない（同 791 条）。

## 第7　特別養子縁組

特別養子縁組制度とは、養子縁組成立の日から実親との親族関係を消滅させ、養親との間に実親子と同様の親子関係を作るものである（民 817 条の 2 第 1 項）。

### 1　特別養子縁組の成立

家庭裁判所は、次の（1）から（6）までに定める要件があるときは、養親となる者の請求により、実方の血族との親族関係が終了する縁組を成立させることができる。 この請求をするには、後見人が被後見人を養

子とする縁組（同 794 条）又は未成年者を養子とする縁組（同 798 条）の許可を得ることを要しない。

（1）養親の夫婦共同縁組（同 817 条の 3）　養親となる者は、配偶者のある者でなければならない。夫婦の一方は、他の一方が養親とならないときは、養親となることができない。ただし、夫婦の一方が他の一方の嫡出である子（特別養子縁組以外の縁組による養子を除く。）の養親となる場合は、この限りでない。

（2）養親となる者の年齢（同 817 条の 4）　25 歳に達しない者は、養親となることができない。ただし、養親となる夫婦の一方が 25 歳に達していない場合においても、他の者が 20 歳に達しているときは、この限りでない。

（3）養子となる者の年齢（同 817 条の 5）　家庭裁判所への特別養子縁組の請求の時に 6 歳に達している者は、養子となることができない。ただし、その者が 8 歳未満であって 6 歳に達する前から引き続き養親となる者に監護されている場合は、この限りでない。

（4）父母の同意（同 817 条の 6）　特別養子縁組の成立には、養子となる者の父母の同意がなければならない。ただし、父母がその意思を表示することができない場合又は父母による虐待、悪意の遺棄その他養子となる者の利益を著しく害する事由がある場合は、この限りでない。

（5）子の利益のための特別の必要性（同 817 条の 7）　特別養子縁組は、父母による養子となる者の監護が著しく困難又は不適当であることその他特別の事情がある場合において、子の利益のため特に必要があると認めるときに、これを成立させるものとする。

（6）特別養子縁組を成立させるには、養親となる者が養子となる者を 6 か月以上の期間監護した状況を考慮しなければならない（民 817 条の 8 第 1 項）。概ね、各自治体の里親制度を利用して、里親認定を経ての縁組申立てとなる。この期間は、家庭裁判所への特別養子縁組請求の時から起算する。ただし、その請求前の監護の状況が明らかであるときは、この限りでない（同 817 条の 8 第 2 項）。

## 2　特別養子縁組の瑕疵

　縁組の無効・取消（前記第 3 参照）に関するまでの規定（同 802 条～808 条）は、特別養子縁組に適用されない。

## 3　特別養子縁組の効果

　（1）養子は嫡出子の身分を取得し（同 809 条）、養子と養親及びその血族との間に親族関係が発生し、養子は養親の氏を称する（同 810 条）。

　（2）養子と実方の父母及びその血族との親族関係は、特別養子縁組によって終了する（同 817 条の 9）。ただし、夫婦の一方が他の一方の嫡出である子の養親となる場合の一方及びその血族との親族関係については、この限りでない（同 817 条の 3 第 2 項但書、817 条の 9 但書）。

## 4　養子の戸籍

　縁組の届出があつたときは、まず養子について新戸籍を編製する（戸

### ［表1］　普通養子縁組と特別養子縁組との相違

|  | 普通養子縁組 | 特別養子縁組 |
|---|---|---|
| 施行日 | 1989（明 31）年 | 1988（昭 63）年 |
| 立法趣旨 | 当初、「家のため」から「親のため」へ、その後「子の福祉・子の利益」 | 児童福祉のため |
| 養親となるもの | 単身者・独身者可 | 婚姻している夫婦 |
| 養親の年齢 | 成年（擬制成年含む） | 25 歳以上（夫婦の一方が 25 歳以上であれば、他方は 20 歳以上で可） |
| 養子の年齢 | 制限なし | 申立時に 6 歳未満 |
| 実父母の同意 | 必要。但し養子が 15 歳以上場合不要 | 必要 |
| 養育の試用監護 | 不要 | 6 か月以上 |
| 縁組の要件 | 未成年を養子とする場合には家裁の許可が必要 | 家裁の許可（審判）必要 |
| 実父母やその親族と養子の関係 | 存続 | 終了 |
| 戸籍の父母欄 | 実父母及び養父母の氏名 | 養父母の氏名 |
| 戸籍の養子の欄（続柄） | 養子・養女 | 実子（嫡出子）扱い |
| 身分事項欄 | 縁組事項記載 | 民法 817 条の 2 と記載 |
| 離縁 | 養父母又は 15 歳以上の養子間で協議 | なし（原則） |
| 相続権 | 実親・養親の両方の相続権 | 実親の相続権は消滅 |

20条の3第1項）。養子は、養親の戸籍に入る（同18条3項）。

### 5　特別養子縁組の離縁

（1）次のいずれの事由もある場合に限り、養子の利益のため特に必要があると認めるときは、家庭裁判所は、養子、実父母又は検察官の請求により、特別養子縁組の当事者を離縁させることができる（同817条10）。

　ア　養親による虐待、悪意の遺棄その他養子の利益を著しく害する事由があること。

　イ　実父母が相当の監護をすることができること。

（2）養子と実父母及びその血族との間においては、離縁の日から、特別養子縁組によって終了した親族関係と同一の親族関係を生ずる（同817条の11）。

## 第8　藁の上からの養子の件

### 1　藁の上からの養子

　他人の子を自己の嫡出子として出生届をすることは、虚偽の届出で無効であり、実子としての届出はもちろんのこと、養子としての届出としても無効となる。つまり、この外観上は「実子」、実質は「養子」の親子は、法律的には「実子」でも「養子」でもなく、まったくの他人であるということになる。ところで、被相続人の「子」は相続人であるが（民887条1項）、子には、実子（生理的な血のつながりがある子）と養子（法律上の子）とがあり、「藁（わら）の上からの養子」は実子でも養子でもないから、建前上、相続人になれないことになる。

　現在、特別養子縁組制度が法制化されており、藁の上からの養子問題は解消したかにみえるが、法制化以前の藁の上の子の問題や、特別養子縁組制度を利用しない藁の上からの養子問題が残る。

### 2　実親子関係不存在確認請求を棄却した裁判例（最判平18・7・7民集220-673）

　長い間、自分は実子であると信じて暮らしてきた者が、親（養親）が死んだとき、親族から「お前は実の子ではないし、養子でもない。だか

ら相続できない」と、突然言われたらどうでしょう？そんな事件が実際にあり、最高裁判所まで争われた。

（1）最判の事実の概要は、次のとおりである。妻Ａ（明41年生）と亡夫Ｂ（明40年生）は、昭和12年婚姻の届出をした。同年、ＡＢ夫婦の間に長男Ｄが出生した。Ｂは、Ｃについて、ＡＢ間に昭和18年に出生した子として出生の届出をしたが、ＣはＡＢの実子ではなく、この届出は虚偽の届出であった。Ｃは、同月ころから、ＡＢの下でその子として養育され、高校卒業後、Ｂが経営していたそば店を手伝うようになった。Ｂは、昭和51年死亡した。Ｃは、Ｂの相続人としてＢの遺産の約3分の1相当を取得したものとされた。Ａは、平成6年ころ、Ｃを相手方として、実親子関係不存在確認を求める調停を申し立てたが、後でこれを取り下げた。Ａは、平成16年4月ころ、Ｃを相手方として、再度、実親子関係不存在確認を求める調停を申し立てたが、同調停は、同年6月、不成立により終了した。Ｃは、ＡがＣとの間で長期間親子としての社会生活を送ってきたものであり、Ｂの死後も平成6年まで実親子関係不存在確認調停の申立て等の手続を採ることなく、しかも、同年に申し立てた調停を取下げにより終了させていること、本訴請求は妻Ａの相続を有利にしようとするＤの意向によること、判決をもってＣの戸籍上の地位が訂正されるとＣが精神的苦痛を受けることなどの事情に照らすと、本訴請求は権利の濫用であると主張した。

（2）原審は、身分関係存否確認訴訟は、身分法秩序の根幹を成す基本的親族関係の存否について関係者間に紛争がある場合に対世的効力を有する判決をもって画一的確定を図り、ひいてはこれにより身分関係を公証する戸籍の記載の正確性を確保する機能を有するとして、Ａの請求を認めた。

（3）しかし、最高裁は、戸籍の記載の正確性の要請等が例外を認めないものではないことは、民法が一定の場合に戸籍の記載を真実の実親子関係と合致させることについて制限を設けていることなどから明らかであるとして、Ａの請求を棄却した（同旨のものに最判平18・7・7民集60-6-2307がある）。

70

（4）戸籍の記載と真実の実親子関係と合致とを制限する規定としては、「夫は、子の出生後において、その嫡出であることを承認したときは、その否認権を失う」（民776条）、「嫡出否認の訴えは、夫が子の出生を知った時から一年以内に提起しなければならない」（同777条）、「成年の子は、その承諾がなければ、これを認知することができない」（同782条）、「父は、胎内に在る子でも、認知することができる。この場合においては、母の承諾を得なければならない。2　父又は母は、死亡した子でも、その直系卑属があるときに限り、認知することができる。この場合において、その直系卑属が成年者であるときは、その承諾を得なければならない」（同783条）、及び「認知をした父又は母は、その認知を取り消すことができない」（同785条）がある。

# 第6章 親権の話

## 第1 親　　権

### 1 親子関係

　親子関係の本質は「親権を行う者は、子の利益のために子の監護及び教育をする権利を有し、義務を負う」（民820条）にあり、「親権を行う父又は母は未成年の子の監護及び教育を為す権利を有し義務を負う」（旧民879条）と定めた旧法と変わりないように見える。しかし、旧法下は家制度における規定であり、「子は其家に在る父の親権に服す。但独立の生計を立つる成年者は此限に在らず」、「親権を行う父又は母は必要なる範囲内に於て自ら其子を懲戒し又は裁判所の許可を得て之を懲戒場に入れることを得。子を懲戒場に入る期間は6个月以下の範囲内に於て裁判所之を定む。但此期間は父又は母の請求に因リ何時にても之を短縮することを得」と成人になっても対等な基本権は制限されていた。

### 2 親権に服する者

　今日、親権に服する者は、成年に達しない子であり、親権者は父母である。民法は、年齢20歳をもって、成年としているが（民4条）、2015年6月公職選挙法改正により選挙年齢が18歳に引き下げられたことにより、民法の成年年齢についても、引き下げが議論されている。成年年齢

が引き下げられると、
    （ａ）未成年者取消権（同５条２項）の年齢も引き下げられる
    （ｂ）親権の対象年齢（同818条1項）も引き下げられる
    （ｃ）養育費の支払終期の繰り下げも考えられる
    （ｄ）労働契約の解除権の喪失
    （ｅ）少年法等の成人年齢の引下げも考えられる
などの問題が生じる。

## 3　親　権　者

（１）親権は、父母の婚姻中は、父母が共同して行う（共同親権の原則）（同818条1項、3項）。

（２）父母の一方が親権を行うことができないときは、他の一方が行う（同条3項但書）。

（３）子が養子であるときは、養親の親権に服する（同条2項）。養子が縁組解消しないままさらに他の養親と縁組したときは、最初の養親は親権を失い、後の養親が親権者となる。

（４）父母が協議上の離婚をするときは、その協議で、その一方を親権者と定めなければならない（同819条1項）。

（５）子の出生前に父母が離婚した場合には、親権は、母が行うが、子の出生後に、父母の協議で、父を親権者と定めることができる（同819条3項）。

（６）未成年者が婚姻をしたときは、これによって成年に達したものとみなす（同753条）から、親権に服することはない。

## 第2　親権者の変更

子の利益のため必要があると認めるときは、家庭裁判所は、子の親族の請求によって、親権者を他の一方に変更することができる（同819条6項）。親権者の変更は，必ず家庭裁判所の調停・審判によって行う。話合いがまとまらず調停が不成立になった場合には自動的に審判手続が開始され、裁判官が、一切の事情を考慮して、審判をすることになる。

## 第3　親権の喪失・親権停止（平成 23 年改正）

### 1　親権喪失

　父又は母による虐待又は悪意の遺棄があるときその他父又は母による親権の行使が著しく困難又は不適当であることにより子の利益を著しく害するときは、家庭裁判所は、子、その親族、未成年後見人、未成年後見監督人又は検察官の請求により、その父又は母について、親権喪失の審判をすることができる。ただし、2 年以内にその原因が消滅する見込みがあるときは、この限りでない（同 834 条）。

　旧法は親権喪失の原因を「親権を濫用し、又は著しく不行跡」であることとしていたが、親権が権利であるのか義務であるのかという議論と相まって、これを明確にすることが求められ、「虐待又は悪意の遺棄があるときその他父又は母による親権の行使が著しく困難又は不適当であることにより子の利益を著しく害するとき」と改められた。具体的には、（a）身上監護の側面から見れば居所指定権の濫用、懲戒権の濫用、職業許可権の濫用など監護・教育の職分を不当に行使する等著しく子の福祉を害することであり、（b）財産管理の側面からみれば、子の財産の不当処分や子に債務を負担させる行為である。

### 2　親権停止の審判（民 834 条の 2）

　父又は母による親権の行使が困難又は不適当であることにより子の利益を害するときは、家庭裁判所は、子、その親族、未成年後見人、未成年後見監督人又は検察官の請求により、その父又は母について、親権停止の審判をすることができる。　家庭裁判所は、親権停止の審判をするときは、その原因が消滅するまでに要すると見込まれる期間、子の心身の状態及び生活の状況その他一切の事情を考慮して、2 年を超えない範囲内で、親権を停止する期間を定める。

### 3　管理権喪失の審判　（同 835 条）

　父又は母による管理権の行使が困難又は不適当であることにより子の利益を害するときは、家庭裁判所は、子、その親族、未成年後見人、未

成年後見監督人又は検察官の請求により、その父又は母について、管理権喪失の審判をすることができる。

### 4 親権喪失、親権停止又は管理権喪失の審判の取消（同836条）

親権喪失、親権停止の審判又は親権喪失の審判の原因が消滅したときは、家庭裁判所は、本人又はその親族の請求によって、それぞれ親権喪失、親権停止又は管理権喪失の審判を取り消すことができる。

### 5 親権又は管理権の辞任及び回復（同837条）

親権を行う父又は母は、やむを得ない事由があるときは、家庭裁判所の許可を得て、親権又は管理権を辞することができる。やむを得ない事由が消滅したときは、父又は母は、家庭裁判所の許可を得て、親権又は管理権を回復することができる。やむを得ない事由とは、重病棟による長期不在である。

## 第4 子の不法行為と親権者の責任

### 1 序　説

（1）民法は未成年者の不法行為について、次の通り規定する。

（ア）未成年者は、他人に損害を加えた場合において、自己の行為の責任を弁識するに足りる知能を備えていなかったときは、その行為について賠償の責任を負わない（民712条）。

（イ）他方、未成年者がその責任を負わない場合において、その責任無能力者を監督する法定の義務を負う者は、その責任無能力者が第三者に加えた損害を賠償する責任を負う。ただし、監督義務者がその義務を怠らなかったとき、又はその義務を怠らなくても損害が生ずべきであったときは、この限りでない。監督義務者に代わって責任無能力者を監督する者も、この責任を負う（714条）。

（2）未成年者の責任能力を具備する具体的年齢が問題になるが、概ね13歳以下の者については責任能力が否定されている。9歳児が横断禁止の道路を自転車で横断し通行車両に衝突して車両を毀損させた事案（東

京地判平 17・8・30 交民 38-4-1159)、10 歳児が遊戯中に車の陰から飛び出し自転車に接触転倒させた事案（同平 17・11・28 交民 38-6-1575)、9歳児がキャッチボール中にボールを投げ損ね歩行者に命中させた事案（仙台地判平 17・2・17 判タ 1225-281）などでは責任が否定されているが、14 歳少年の公式ボールでのキャッチボール投球ミスにより他者に命中させた事案（大阪地判昭 55・7・14 判タ 426-178)、15 歳少年の運転する自転車事故（同平 19・7・10 交民 40-4-866)、小 6 児が階段の踊り場で冷やかした者を振り払い転倒させた負傷させた事案（東京地判平 8・3・27 判時 1591-58）などでは責任が肯定された。

（3）小学 6 年の弟の蹴ったサッカーボールが高齢者に当たり転倒した件（最判平 27・4・9 民集 69-3-455)

（a）自動二輪車を運転して小学校の校庭横の道路を進行していた B（当時 85 歳）が、その校庭から転がり出てきたサッカーボールを避けようとして転倒して負傷し、その後死亡した。B の遺族が、サッカーボールを蹴った C（当時 11 歳）の父母らに対し、民法 709 条又は 714 条 1 項に基づく損害賠償を請求した。

（b）原審大阪高裁は、「本件ゴールに向けてサッカーボールを蹴ることはその後方にある本件道路に向けて蹴ることになり、蹴り方次第ではボールが本件道路に飛び出す危険性があるから、両親にはこのような場所では周囲に危険が及ぶような行為をしないよう指導する義務、すなわちそもそも本件ゴールに向けてサッカーボールを蹴らないよう指導する監督義務があり、両親はこれを怠った」などとして、両親の民法 714 条 1 項に基づく損害賠償請求を一部認容した。

（c）最高裁は「ゴールに向けたフリーキックの練習は、・・通常は人身に危険が及ぶような行為であるとはいえない。また、親権者の直接的な監視下にない子の行動についての日頃の指導監督は、ある程度一般的なものとならざるを得ないから、通常は人身に危険が及ぶものとはみられない行為によってたまたま人身に損害を生じさせた場合は、当該行為について具体的に予見可能であるなど特別の事情が認められない限り、子に対する監督義務を尽くしていなかったとすべきではない。」とした。

## 2 未成年者が責任能力を有していても、その親権者等に対する不法行為責任を認める場合

　以上が、民法の規律であるが、両者を読んでもよくわからないことがある。未成年者が責任能力を有している場合には、その親権者等は不法行為責任を負わないのか、である。親権者らも責任を負う場合があるとすれば、どのような場合であるのか。

　（1）15歳の少年が犯した殺人事件につき親権者の民事責任が問われた件（最判昭49・3・22民集28-2-347）

　亡Aが新聞代金の集金中に当時15歳のBによって殺害されたことについて、亡Aの遺族が、Bの父母に対し、不法行為に基づく損害賠償を請求した事案の上告審で、未成年者が責任能力を有する場合であっても監督義務者の義務違反と当該未成年者の不法行為によって生じた結果との間に相当因果関係を認めうるときは、監督義務者につき民法709条に基づく不法行為が成立するとした。

　親権者等の監督義務違反と、未成年者の不法行為の結果に因果関係が認められれば、親権者等への不法行為責任が認められることがある。親権者等と未成年者は共同不法行為関係になり、連帯債務を負う関係にある。

　（2）未成年者の犯した交通事故につき両親の民事責任が問われた件（岐阜地判平25・7・19判時2204-101）

　少年（事故当時18歳7か月）が無免許で運転していた普通乗用自動車に同乗中、本件事故によって死亡した亡Aの相続人が、少年に対しては、不法行為に基づき、少年の両親に対しては、親権者として少年を監督すべき義務を怠ったとして、不法行為に基づき、それぞれ損害金及び遅延損害金の連帯支払を求めた事案において、少年は、本件事故当時18歳で、愛知県にある大学の寮で生活をしており、両親と同居していなかったこと等に照らすと、両親において、少年が本件事故当日無免許運転に及び本件事故を起こすことを予見することは困難であったというべきであるし、両親が相当な監督をしていれば少年が本件事故を起こすことを防止できたということもできないから、両親に監督義務違反があったという

ことはできないと示しつつ、Aの相続人らの請求を一部認容した。

（3）一連の報道によると、小学2年生の女子児童が同じ小学校の4年生の女子児童に命じられてマンション屋上から飛び降り、重傷を負ったとして、2年生の女児と両親が4年生の女児の両親に3千万円の損害賠償を求めた事件（東京地判平28・7・19）がある。

　小4の女子児童が同じ小学校の2年生女子児童が学校前で縄跳びを振り回しているのを注意、さらに説教しようと9階建ての自宅マンションの屋上（高さ約26メートル）に連れて行き、「飛び降りろ。ここから落ちて死んでしまえ」と言って飛び降りさせ、肋骨や足の骨などを折る約11週間の重傷を負わせた。4年生の女児は重度の難聴で両親は専門のクリニックに通って育て方の指導を受けていた。事件後に社会性の乏しさなどがみられる広汎（こうはん）性発達障害と診断された。

　裁判所は、年齢や障害などを考慮して、小4女児に責任能力はなかった、両親の監督義務について「専門家に相談するなど子育てに相当の努力を払った」と認める一方、「他者が思い通りに動かないと怒りを持つ女児の傾向に気づいておらず、対応は不十分だった」として、両親に監督義務を認め、約1,025万円の支払いを命じた。

# 第7章　後見の話

　2007年、愛知県大府市のＪＲ東海道線共和駅で問題の事故は起きた。市内に住む男性Ａ（当時91歳）は、同居中の当時85歳の妻（Ｙ１）により介護され、長男（Ｙ２）の妻（Ｂ）が、介護のために横浜市から近所に移り住みＡ宅に通いながら、Ｙ１によるＡの介護を補助していた。その日、Ｂが玄関先にＡが排尿した段ボールを片付けている間、Ｙ１がまどろんだ隙に、Ａは１人で外出し、駅のホーム端近くの線路で、列車にはねられ死亡した。Ａは重度の認知症で、要介護４の認定を受けていた。ＪＲ東海はＡの遺族である同居していたＹ１と別居していたＹ２に、振替輸送費など約720万円の賠償を求めた。裁判所の下した判決は……（第4）

　後見制度には、親権者の死亡等のため未成年者に対し親権を行う者がない場合に選任される「未成年後見」制度と知的・精神的能力の不十分な成人を保護する「成年後見」制度の二つがある。

## 第1 未成年後見制度

　未成年後見人とは，未成年者（未成年被後見人）の法定代理人であり、未成年者の監護養育、財産管理、契約等の法律行為などを行う。

### 1 未成年後見の開始

　（1）親権者の死亡等のため未成年者に対して親権を行う者がないとき、又は（2）親権を行う者が管理権を有しないとき、後見開始の審判（家裁の決定）があると、後見が開始する（民838条）。親権を行う者がないときとは、親権喪失等の事由により親権者が存在しないときと、親権者が精神上の障碍で事実上親権を行使することができないときである。

　なお、①未成年者、②家庭裁判所で免ぜられた法定代理人、保佐人又は補助人、③破産者、④被後見人に対して訴訟をし、又はした者並びにその配偶者及び直系血族、⑤行方の知れない者は、後見人となることができない（同847条）。

### 2 未成年者後見人の指定（指定未成年後見人）

　（1）　未成年者に対して最後に親権を行う者は、遺言で、未成年後見人を指定することができるが、管理権を有しない者は指定することはできない（同839条1項）。親権を行う父母の一方が管理権を有しないときは、他の一方は、遺言で未成年後見人の指定をすることができる（同839条2項）。

　（2）　親権者と定められた父母の一方が死亡した場合で、その者が遺言で第三者を後見人に指名したとき、生存している親が親権変更の申立てをし、「子の利益のため必要があると認め」るとき、家庭裁判所は「親権者を他の一方に変更できる」（民819条6項）かについては争いがある。（a）親権者変更の余地はないとする「後見開始説」、（b）後見開始後でも後見人の選任前であれば適格性のある生存親に親権者を変更できるとする「制限回復説」、（c）後見人選任の前後を問わず親権者変更が可能であるとする「無制限回復説」、（d）生存親が当然に親権行使資格を取得するとする「親権当然復活説」がある。

　民法において未成年後見は親権の補充的機能を営むといわれること、

父又は母の監護教育の職分はできるだけ親権者として行使させることが
国民感情に適すること、家庭裁判所による親権者としての適性の審査を
経ることは子の利益の確保に適するとして、今日、（ｃ）説が実務（例え
ば、大阪家審平 26・1・10 判タ 1410 号 390 頁、名古屋高金沢支決昭 52・
3・23 家月 29-8-33）の趨勢である。札幌高決平 13・8・10（家月 54-6-97）
は、亡親権者の兄からの後見人選任の申立と生存親から親権変更の申立
てがなされた事案において、「未成年の子らの意向、生活状況及び財産管
理に特段の配慮と監督を必要とする事情」から、親権者変更を認めなかっ
たが、（ｃ）説を前提とするものであった。

### 3　未成年後見人の選任（選定未成年後見人）

（1）未成年後見人となるべき者がないときは、家庭裁判所は、未成年
被後見人又はその親族その他の利害関係人の請求によって、未成年後見
人を選任する。未成年後見人が欠けたときも、同様とする（同 840 条 1
項）。東京高決平 11・9・30（家月 52-9-97）は、養子縁組が相続税を軽
減させる便法としてされたもので無効であるとして、養親である祖父の
死後、養子の実父から申立てられた後見人選任の申し立てにつき、養子
縁組の意思に基づき養子縁組がなされたとしても、その届出がなされて
いない以上、後見人選任の申立ては認められるとした。

（2）未成年後見人がある場合においても、家庭裁判所は、必要がある
と認めるときは、未成年被後見人若しくはその親族その他の利害関係人
又は未成年後見人の請求により、又は職権で、さらに未成年後見人を選
任することができる（同 840 条 2 項）。

（3）未成年後見人を選任するには、未成年被後見人の年齢、心身の状
態並びに生活及び財産の状況、未成年後見人となる者の職業及び経歴並
びに未成年被後見人との利害関係の有無（未成年後見人となる者が法人
であるときは、その事業の種類及び内容並びにその法人及びその代表者
と未成年被後見人との利害関係の有無）、未成年被後見人の意見その他一
切の事情を考慮しなければならない（同 840 条 3 項）。

（4）父若しくは母が親権若しくは管理権を辞し、又は父若しくは母に

ついて親権喪失、親権停止若しくは管理権喪失の審判があったことによって未成年後見人を選任する必要が生じたときは、その父又は母は、遅滞なく未成年後見人の選任を家庭裁判所に請求しなければならない（同841条）。

### 4　財産目録の作成等

（1）後見人は、遅滞なく被後見人の財産の調査に着手し、一箇月以内に、その調査を終わり、かつ、その目録を作成する。ただし、この期間は、家庭裁判所において伸長することができる。財産の調査及びその目録の作成は、後見監督人があるときは、その立会いをもってしなければ、その効力を生じない（同853条）。

（2）後見人は、財産の目録の作成を終わるまでは、急迫の必要がある行為のみをする権限を有する。ただし、これをもって善意の第三者に対抗することができない（同854条）。

（3）後見人が、被後見人に対し、債権を有し、又は債務を負う場合において、後見監督人があるときは、財産の調査に着手する前に、これを後見監督人に申し出なければならない。後見人が、被後見人に対し債権を有することを知ってこれを申し出ないときは、その債権を失う（同855条）。

（4）後見監督人又は家庭裁判所は、いつでも、後見人に対し後見の事務の報告若しくは財産の目録の提出を求め、又は後見の事務若しくは被後見人の財産の状況を調査することができ、家庭裁判所は、後見監督人、被後見人若しくはその親族その他の利害関係人の請求により又は職権で、被後見人の財産の管理その他後見の事務について必要な処分を命ずることができる（同863条）。通常、後見人には、年に一度財産目録の作成をはじめ活動報告義務が課されている。

（5）このように、被後見人の財産は、裁判所や後見監督人が後見人を監督することにより、守られているはずであるが、後見人らによる被後見人の財産横領は後を絶たない。親族後見人による着服が9割といわれているが、専門職後見人による不祥事も多い。平成26年発覚した不正は

831 件、被害額は 56 億 7 千万円に及ぶという（産経 2015.6.27）。

　知的障害のある女性の預貯金を成年後見人（親族）が着服したのは、後見監督人（弁護士）が注意を怠ったためとして、損害賠償を命じた大阪地堺支判平 25・3・14（金商 1417-12）がある。この事件では、後見人を選任した裁判所にも責任があるとして賠償を求めたが、棄却された。

　弁護士の横領額は半端ではなく、平成 25 年から 3 年間で成年後見人関係の着服事件は 9 件ある。日弁連ではこのような弁護士の不祥事による被害者の救済制度（成年後見事件に限らず弁護士の預り金横領を視野に入れた「依頼者見舞金制度」）が検討されている。ちなみに、刑事事件として立件されれば、詐欺は懲役 10 年以下（刑 246 条）、横領は懲役 5 年以下（同 252 条）の罪に問われる。

## 5　未成年後見人の権利義務
### （1）未成年被後見人の身上監護
　未成年後見人は、監護及び教育の権利義務（民 840 条・820 条）、居所指定（同 821 条）、子に対する懲戒（同 822 条）、職業の許可（同 823 条）の規定について、親権を行う者と同一の権利義務を有する（同 857 条本文）。ただし、親権を行う者が定めた教育の方法及び居所を変更し、営業を許可し、その許可を取り消し、又はこれを制限するには、未成年後見監督人があるときは、その同意を得なければならない（同 857 条但書）。未成年後見人が数人あるときは、共同してその権限を行使する（同 857 条の 2 第 1 項）。

### （2）財産の管理及び代表
　後見人は、被後見人の財産を管理し、かつ、その財産に関する法律行為について被後見人を代表する（同 859 条 1 項）。そのため、未成年者の無権代理人が後見人となった場合において、さきになされた無権代理行為の効果は未成年者に及ぶ（最判昭 47・2・18 家月 24-8-34 は、後見人が就職前から未成年者のため事実上後見人の立場でその財産の管理にあたり、未成年者の財産に関する法律行為をなすについて両者間に利益相反の関係がなかった事例について同旨）。

なお、未成年者（被後見人）の行為を目的とする債務を生ずべき場合には、本人の同意を得なければならない（同条2項・同824条但書）。

**（3）未成年後見人が数人ある場合の権限の行使等**

　ア　未成年後見人が数人あるときは、共同してその権限を行使する（同857条の2第1項）が、家庭裁判所は、職権で、その一部の者について、財産に関する権限のみを行使すべきことを定め（同条の2第2項）、財産に関する権限について、各未成年後見人が単独で又は数人の未成年後見人が事務を分掌して、その権限を行使すべきことを定めることができる（同条の2第3項）。家庭裁判所は、職権で、これらの定めを取り消すことができる（同条の2第4項）。

　イ　なお、未成年後見人が数人あるときは、第三者の意思表示は、その1人に対してすれば足りる（同条の2第5項）。

## 第2　成年後見制度

### 1　序　　論

（1）成年後見制度とは、精神上の障碍により判断能力が不十分な方について、契約締結行為を本人に代わって行う代理人（成年後見人ら）を選任し、本人の判断に誤りがある場合に、この代理人が契約等を取り消したりすることができるようにした制度であり、旧禁治産・準禁治産制度を大幅に改正したものである（平12年4月施行）。

　現行成年後見制度は、本人の判断能力に応じて、後見、保佐、補助の3つの類型が設けられ、家庭裁判所が法律の定めに従って、それぞれ後見人、保佐人、補助人を選任することになる。本人のことをそれぞれ被後見人、被保佐人、被補助人と呼ぶ（民8条、12条、16条）。

　旧制度は本人保護の名のもと、本人に無能力者のレッテルを貼り付けるものであっが、成年後見制度は、本人の自己決定権を尊重し、本人の残存能力を活用して、ノーマライゼーション（高齢者や障害者などを施設に隔離せず、健常者と一緒に助け合いながら暮らしていくのが正常な社会のあり方であるとする考え方）の実現を目指すものである。

（2）最高裁判所事務総局家庭局「成年後見関係事件の概況—平成 27 年1 月～12 月—」によれば、成年後見関係事件（後見開始、保佐開始、補助開始及び任意後見監督人選任事件）の申立件数は合計で 34,782 件であり、対前年比約 1.2％の増加、平成 24 年以降年間 3 万 4 千件代を推移する。　平成 27 年後見開始の審判の申立件数は 27,521 件（79％）、保佐開始の審判の申立件数は 5,085 件（15％）、補助開始の審判の申立件数は1,360 件（4％）、任意後見監督人選任の審判の申立件数は 816 件（2％）となっており、概ね申立てとおりの選任決定がなされているが、却下（0.4％）されることもある。

（3）成年後見人、保佐人、補助人には、本人の身上監護、財産管理を適正に行ってくれる人が家庭裁判所により選ばれる。成年後見人等（成年後見人、保佐人及び補助人）と本人との関係を見ると、配偶者、親、子、兄弟姉妹及びその他親族が成年後見人等に選任され（29.9％）、親族以外の第三者が成年後見人等に選任されたもの（第三者後見）は、全体の約 70.1％である。その内訳は、司法書士、弁護士、社会福祉士の 3 士がほぼ占める。その他の成年後見人等としては、その他法人、行政書士、社会福祉協議会、市民後見人、その他個人、精神保健福祉士、税理士である（専門職後見）。申立人が希望する人が選任されるとは限らない。誰を成年後見人等に選任するかについては、家庭裁判所が職権で判断する事項であり、これについて不服申立てはできない。

## 2　成年後見の開始の審判

（1）精神上の障害により事理を弁識する能力を欠く常況にある者については、本人、配偶者、4 親等内の親族、未成年後見人、未成年後見監督人、保佐人、保佐監督人、補助人、補助監督人又は検察官の請求に基づき、家庭裁判所は、後見開始の審判をすることができる（民 7 条）。旧法では、夫婦の一方が禁治産宣告を受けた場合には、他の一方が当然に後見人になるとしていたが、現行法はこれを廃止した（旧法時既に、植物人間となった娘の実父が娘の禁治産宣告と後見人の選任を申し立てた事案で、娘と夫の夫婦関係や財産状況に鑑み、娘を禁治産とし、娘の夫で

はなく、申立人である実父を後見人に選任した福井家大野支審平2・3・14家月42-11-55がある。）。新法では、後見人の複数選任及び法人後見を認めた（同843条4項）。

（2）被後見人は、日用品の購入その他日常生活に関する行為以外、一切行うことができず、取消の対象になる（同9条）。

（3）前記（1）の原因が消滅したとき、家庭裁判所は、本人らの請求により、後見開始の審判を取り消す（同10条）。

（4）後見開始の審判をする場合において、本人が被保佐人又は被補助人であるときは、家庭裁判所は、その本人に係る保佐開始又は補助開始の審判を取り消さなければならない（同19条1項）。

## 3　成年後見人の権限等

（1）成年後見人は、成年被後見人の生活、療養看護及び財産の管理に関する事務を行うに当たっては、成年被後見人の意思を尊重し、かつ、その心身の状態及び生活の状況に配慮し（同858条）、被後見人の財産を管理し、かつ、その財産に関する法律行為について被後見人を代表する（同859条）。

（2）成年後見人が数人あるときは、家庭裁判所は、職権で、数人の成年後見人が、共同して又は事務を分掌して、その権限を行使すべきことを定めることができる（同859条の2第1項）。

（3）成年後見人は、成年被後見人に代わって、その居住の用に供する建物又はその敷地について、売却、賃貸、賃貸借の解除又は抵当権の設定その他これらに準ずる処分をするには、家庭裁判所の許可を得なければならない（同859条の3）。

（4）成年後見人と被後見人との利益が相反する行為については、後見を行う者は、被後見人のために特別代理人を選任することを家庭裁判所に請求しなければならないが、後見監督人がある場合は、この限りでない（同860条・826条）。

　家庭裁判所により選任された特別代理人が、未成年者を代理して遺産分割協議を成立させる際に、遺産を調査するなどせずに、不相当な内容

の遺産分割協議を成立させたることは善管注意義務に違反し、不法行為が成立することがある（広島高判岡山支部平 23・8・25 判タ 1376-164 は、特別代理人として弁護士が選任され、かかる責任が問われた事例）。

## 4　保佐開始の審判等

### （1）保佐開始要件

ア　精神上の障害により事理を弁識する能力が著しく不十分である者については、家庭裁判所は、本人、配偶者、4 親等内の親族、後見人、後見監督人、補助人、補助監督人又は検察官の請求により、保佐開始の審判をすることができる。ただし、後見開始原因（精神上の障害により事理を弁識する能力を欠く状況）がある者については、この限りでない（同 11 条）。

イ　事理を弁識する能力が著しく不十分である者は常に保佐開始の決定が下されるか否かについて、実務は、事例に即した判断をしている。

（a）大阪高決平 18・7・28（家月 59-4-111）は、統合失調症の慢性期にあり、種々の社会的逸脱行為を繰り返し、金銭に関する判断力が低下している本人についての保佐開始申立てにつき、申立ての真意が本人に社会的・心理的制裁を加えることにあるなど本来の保佐制度の目的に適合しないとしても、本人につき保佐が開始されれば, 本人の保護に資する有効な手だてになる場合には、保佐開始の審判をすべきであるとして、申立権の濫用であるとして申立てを却下した原審判を取り消し、保佐を開始した。

（b）逆に、心神耗弱者であっても、本人の利益保護の観点から必要かつ相当でなく、かえって本人の利益を損なうおそれがあると判断されるときは、家庭裁判所は、その裁量により準禁治産宣告をしないことができるとした東京高決平 3・5・31（家月 44-9-69）がある。

### （2）被保佐人が重大行為（①元本の領収又は利用、 ②借財又は保証、③不動産その他重要な財産に関する権利の得喪を目的とする行為、④訴訟行為、⑤贈与、和解又は仲裁合意、 ⑥相続の承認若しくは放棄又は遺産の分割、⑦贈与申込みの拒絶し、遺贈放棄し、負担付贈与の申込みの

承諾し、又は負担付遺贈の承認、⑧新築、改築、増築又は大修繕、⑨民法 602 条に定める期間を超える賃貸借）をするには、その保佐人の同意を得なければならない。ただし、日用品の購入その他日常生活に関する行為については、この限りでない（同 13 条 1 項）。

（3）保佐人の同意を得なければならない行為について、保佐人が被保佐人の利益を害するおそれがないにもかかわらず同意をしないときは、家庭裁判所は、被保佐人の請求により、保佐人の同意に代わる許可を与えることができる（同 13 条 3 項）。

（4）保佐人の同意を得なければならない行為であって、その同意又はこれに代わる許可を得ないでしたものは、取り消すことができる（同 13 条 4 項）。

　金融機関の預金規定において、家庭裁判所の審判により補助・保佐・後見が開始された場合には直ちに成年後見人等の氏名その他必要な事項を書面によって届け出るよう求め、この届出前に生じた損害について金融機関は責任を負わない旨の条項が存在したにもかかわらず、自ら預金の払戻し（本件各払戻し）を受けてこれを浪費したことを前提に、本件各払戻しを民法 13 条 4 項に基づき取り消す旨の意思表示をした上で、金融機関に対し、同額の預金および遅延損害金の支払いを求める事案につき、東京高判平 22・12・8（金法 1949-115）は、被保佐人はこの届出をしない間に行った預金の払戻しを取り消すことができないとした。かかる預金規定の有効性が認められた事例であるが、金融機関は、預金者が成年被後見人の開始決定が下されたか否か判らないのであるから、預金規定が存在しなくても同様の結論が導かれるべきである。

（5）前記（1）の原因が消滅したとき、家庭裁判所は、本人らの請求により、後見開始の審判を取り消す（同 14 条）。

（6）保佐開始の審判をする場合において本人が成年被後見人若しくは被補助人であるとき、家庭裁判所は、その本人に係る後見開始又は補助開始の審判を取り消す（同 19 条 2 項）。

5　補助開始の審判

（1）精神上の障害により事理を弁識する能力が不十分である者については、家庭裁判所は、本人、配偶者、四親等内の親族、後見人、後見監督人、保佐人、保佐監督人又は検察官の請求により、補助開始の審判をすることができる。ただし、後見開始又は保佐開始に規定する原因がある者については、この限りでない（同 15 条 1 項）。

（2）　本人以外の者の請求により補助開始の審判をするには、本人の同意がなければならない。

（3）補助人の同意を要する旨の審判等

　ア　家庭裁判所は、前記（1）に規定する者又は補助人若しくは補助監督人の請求により、被補助人が特定の法律行為をするにはその補助人の同意（及び取消権・追認権）を得なければならない旨の審判をすることができる（同 17 条 1 項）。本人以外の者の請求により審判するには、本人の同意がなければならない（同条 2 項）。

　イ　その審判によりその同意を得なければならないものとすることができる行為とは、①元本の領収又は利用、②借財又は保証、③不動産その他重要な財産に関する権利の得喪を目的とする行為、④訴訟行為、⑤贈与、和解又は仲裁合意、⑥相続の承認若しくは放棄又は遺産の分割、⑦贈与申込みの拒絶し、遺贈放棄し、負担付贈与の申込みの承諾し、又は負担付遺贈の承認、⑧新築、改築、増築又は大修繕、⑨第 602 条に定める期間を超える賃貸借の一部に限る（同条 1 項・13 条 1 項）。

　ウ　補助人の同意を得なければならない行為について、補助人が被補助人の利益を害するおそれがないにもかかわらず同意をしないときは、家庭裁判所は、被補助人の請求により、補助人の同意に代わる許可を与えることができる（同 17 条 3 項）。

　エ　補助人の同意を得なければならない行為であって、その同意又はこれに代わる許可を得ないでしたものは、取り消すことができる（同条 4 項）。

（4）補助人の代理権

　家庭裁判所は、補助人に、前記（3）の「特定の法律行為」について、

代理権を付与することができる（同876条の9第1項）。

（5）補助人の事務（同876条の10）

（6）補助監督人　　家庭裁判所は、必要があると認めるときは、被補助人、その親族若しくは補助人の請求により又は職権で、補助監督人を選任することができる（同876条の8第1項）。

（7）補助開始の審判等の取消し

前記（1）の原因が消滅したときは、家庭裁判所は、本人らの請求により、補助開始の審判を取り消さなければならない（同18条1項）。

（8）補助開始の審判をする場合において本人が成年被後見人若しくは被保佐人であるとき、家庭裁判所は、その本人に係る後見開始又は保佐開始の審判を取り消す（同19条2項）。

## 6　自治体の長による申立

（1）介護保険サービスや障害福祉サービスを利用し身寄りのない重度の認知症高齢者や知的障碍者など、成年後見制度の利用が必要な状況であるにもかかわらず、本人や家族ともに申立を行うことが難しい場合など、特に必要があるときは市町村長が申し立てすることができる。

（2）また、成年後見制度の利用が必要にもかかわらず、申立費用、報酬等の費用負担が困難なため利用することができない場合に、市町村から必要な費用の補助を受けることができる場合もある（要各自治体問合せ）。

## 7　成年後見申立費用

申立に要する費用としては、印紙や切手代など申立手数料（約1万円）、登記費用、鑑定費用（5〜10万円）などがある。補助の審判申立に際しては、鑑定は原則不要である。

## 8　成年被後見人宛て郵便物

成年被後見人宛て郵便物の成年後見人への回送や成年後見人の開披権限については、通信の秘密に対する重大な制約であることに鑑み、必要と認められる場合に限り、成年後見人の請求により、家裁が6か月を超

えない期間を定めて、回送が認められる（同 860 条の 2、同条の 3）。ただし、保佐人や補助人には認められない。

## 9　成年被後見人の死亡後の成年後見人の権限

　成年被後見人の死亡後、成年後見人は、①相続財産に属する特定の財産の保存行為、②相続財産に属する弁済期が到来している債務の弁済、③死体の火葬又は埋葬に関する契約の締結その他相続財産の保存に必要な行為を行うことができるが、③は家裁の許可を要する（同 873 条の 2）。

## 10　成年後見人等の報酬等

（1）成年後見人等には、毎年活動報告や財産目録の提出が課され、希望があれば家庭裁判所は被後見人の財産の中から報酬を与えることができる（民 862 条）。

（2）成年後見人等の報酬額の基準は決まっておらず、各裁判所の運用に任されている側面が強い。概ね、一般報酬は、被支援者（被後見人ら）の管理財産が 1,000 万円以下の場合月額 2 万円、1,000 万円から 5,000 万円の場合月額 3〜4 万円、5,000 万円以上の場合 5〜6 万円程度と言えよう。また附加報酬として、訴訟・調停・遺産相続の協議・不動産売却など特別な業務により、被支援者の金融資産増加に貢献すれば報酬が加算される場合がある。ただし、同じ業務を外注して請求される報酬に比べ、大分低い報酬であることは否めない。

（3）成年後見人等には、就任時及び 1 年毎に活動報告や財産目録の提出が課される。成年被後見人の親族らから、後見人に対して直接、被後見人の財産状況の開示が求められることがあるが、推定相続人といえども見当違いである。

## 第3　地域福祉権利擁護事業

1　地域福祉権利擁護事業とは、社会福祉法にもとづき、認知症高齢者・知的障害者・精神障害者等の判断能力が不十分な人が、自立した地域生活を送れるように総合的な援助を提供する事業である。

　成年後見制度は、事理弁識する能力が不十分な方（被補助人）以下の

【表1】　成年後見制度の概要

|  | 成年後見人 | 保佐人 | 補助人 |
|---|---|---|---|
| （1）審判の要件 | 精神上の障害により事理を弁識する能力を欠く常況にある者 | 精神上の障害により事理を弁識する能力が著しく不十分である者 | 精神上の障害により事理を弁識する能力が不十分である者 |
| （2）申立権者 | 本人、配偶者、4親等内の親族、未成年後見人、未成年後見監督人、保佐人、保佐監督人、補助人、補助監督人又は検察官 | 本人、配偶者、4親等内の親族、後見人、後見監督人、補助人、補助監督人又は検察官 | |
|  | | | 但し、本人以外の者の請求の場合、本人の同意がなければならない |
| （3）　日用品の購入その他日常生活に関する行為について制限行為能力者（本人）は後見人らの同意を要せずできる | | | |
| （4）本人が同意を得てできる法律行為 | ない | ①元本の領収又は利用、②借財又は保証、③不動産その他重要な財産に関する権利の得喪を目的とする行為、④訴訟行為、⑤贈与、和解又は仲裁合意、⑥相続の承認若しくは放棄又は遺産の分割、⑦贈与申込みの拒絶し、遺贈放棄し、負担付贈与の申込みの承諾し、又は負担付遺贈の承認、⑧新築、改築、増築又は大修繕、⑨第602条に定める期間を超える賃貸借（同13条1項） | 家庭裁判所は、請求により、被補助人が特定の法律行為をするにはその補助人の同意を得なければならない旨の審判をすることができる。その審判によりその同意を得なければならないものとすることができる行為は、左の行為（同13条1項）の一部に限る。 |
| （5）同意を得ずに行った行為 | 取消すことができる | 取消すことができる | |

　方を対象とするが、地域福祉権利擁護事業は事理弁識する能力は一定程度あるが十分でないことにより自己の能力で様々な福祉サービスを適切に利用することが困難な方を対象にしている。簡略に言えば、被補助人対象要件を満たす前の方である。所轄官庁は厚生労働省であり、担い手としては都道府県社会福祉協議会や市町村社会福祉協議会である。

2　一人暮らしやグループホーム又は施設入所され、金銭管理に自信がない方のために、支援実施機関が、通帳や貴重品を預かり、定期的に日常生活における費用（光熱費や租税等）の支払を行ったり、生活費を金融機関から引き出したり、利用者に手渡すサービスを行う。これにより利用者の金銭紛失や詐欺等による喪失を防止し、また、浪費による経済問題を事前に回避しようとするものである。

3　各機関には、支援の企画策定を担う専門員と利用者に直接サービスを実施する生活支援員が置かれる。専門員は、介護保険サービスにおけるケアマネージャーに、支援員は介護福祉士に相当する。介護のサービスは身上監護であるのに対して、権利擁護事業は財産管理や行政サービスの情報提供である点において異なる。したがって、金銭管理を主とする点において、地域福祉権利擁護事業は成年後見制度と酷似する。本制度は、平成 12 年、成年後見制度の施行に合わせて構想され施行された制度である。

4　地域福祉権利擁護事業の対象者は、事理判断弁識能力がない方ではなく、十分でない方を対象（すなわち契約の能力がある方）とするため、利用者へのサービス内容は、個々、利用希望者と制度実施者との間の契約に委ねられる。契約締結費用は国と自治体が負担するが、個々のサービスは有償である。

　利用者は、概ね、1 時間 1,000〜3,000 円程度の費用を負担しなければならないが、生活保護利用者は公費により賄われている。制度運営の費用は、国と自治体とで賄われている。

## 第4　認知症徘徊の高齢者が起こした列車事故について家族は責任を負わなければいけないのかに関する件

（1）下級審の判断

ア　一審の名古屋地裁は、この男性の妻（Y 1）と長男（Y 2）に監督注意義務違反を認めて請求額の支払いを命じた。

イ　二審の名古屋高裁は、(a) Y 2について、子としての扶養義務は経済的な扶養を中心とした扶助義務であり、Aと別居しており監督義務

【表2】　成年後見制度と地域福祉権利擁護事業の相違

| | 成年後見制度 | 地域福祉権利擁護事業 |
|---|---|---|
| 所管庁 | 法務省 | 厚生労働省 |
| 窓　口 | 家庭裁判所 | 社会福祉協議会 |
| 利用者 | 精神上の傷害により事理弁識する能力が不十分な方（被補助社）、同能力が著しく不十分な方（被保佐人）、同能力を欠く常況にある方（被後見人） | 精神上の理由により日常生活を営むのに支障がある方 |
| 実施機関 | 親族ないし専門職 | 社会福祉協議会 |
| 援助者 | 親族又は専門職 | 生活支援員 |
| 手　続 | 家庭裁判所への申立 | 社会福祉協議会に相談・申込み[1] |
| 審査基準 | 医師の鑑定書・診断書に基づき家裁が判断 | ガイドライン |
| 援助の方法・種類 | 財産管理・身上監護に関する契約等 | 福祉サービスの情報提供・助言、日常的金銭管理、書類の預かり |
| 申立費用 | 本人の財産からの支弁 | 公費 |
| 費　用 | 月額2〜5万円程度 | 1時間1千円〜3千円程度 |

者としての責任はないとした。

　（ｂ）Ｙ1については、一方の配偶者が精神上の障害により精神保健及び精神障害者福祉に関する法律 5 条に規定する精神障害者となった場合には、同法上の保護者制度（同法 20 条（平 25 年法第 47 号による改正前のもの）参照）の趣旨に照らして、その者と現に同居して生活している他方の配偶者は、夫婦の協力及び扶助の義務（民 752 条）の履行が法的に期待できないような特段の事情のない限り、夫婦の同居、協力及び扶助の義務に基づき、精神障害者となった配偶者に対する監督義務を負う者に該当し（同 714 条 1 項）、Ａが重度の認知症を患い場所等に関する見当識障害がありながら外出願望を有していることを認識していたのに，Ａ宅の出入口のセンサー付きチャイムの電源を入れておくという容易な措置をとらなかったという監督義務を怠ったとして、請求額の半額の支払いを命じた。

---

1　実際には、介護サービス提供者や民生委員、その他関係行政機関から社会福祉協議会への情報提供（見守り活動）により、利用者との接点がもたれる場合が多い。

（2）最高裁判決（平 28・3・1 民集 70-3-681）の骨子

　ア　Ｙ２に対する責任について原審の判断を是認し、Ｙ１の責任について次のように判断した。

　イ　（a）原審が認定した精神保健及び精神障害者福祉法の保護者制度そのものが平成 25 年廃止され、精神障害者と同居する配偶者であるからといって、その者が民法 714 条 1 項にいう「責任無能力者を監督する法定の義務を負う者」に当たるとすることはできない」。

　（b）法定の監督義務者に該当しない者であっても、責任無能力者との身分関係や日常生活における接触状況に照らし、第三者に対する加害行為の防止に向けてその者が当該責任無能力者の監督を現に行いその態様が単なる事実上の監督を超えているなどその監督義務を引き受けたとみるべき特段の事情が認められる場合には、法定の監督義務者に準ずべき者として、責任無能力者の監督義務者等の責任（民 714 条 1 項）が類推適用されるとして、ある者が、精神障害者自身の「生活状況や心身の状況などとともに、精神障害者との親族関係の有無・濃淡，同居の有無その他の日常的な接触の程度、精神障害者の財産管理への関与の状況などその者と精神障害者との関わりの実情、精神障害者の心身の状況や日常生活における問題行動の有無・内容、これらに対応して行われている監護や介護の実態など諸般の事情を総合考慮して、その者が精神障害者を現に監督しているかあるいは監督することが可能かつ容易であるなど衡平の見地からその者に対し精神障害者の行為に係る責任を問うのが相当といえる客観的状況が認められるか否か」という基準を示した。

# 第8章　相続の話

人が亡くなると通常相続が始まるが、相続もいろいろ人生いろいろで

ある。被相続人に相続人のいる人、いない人、被相続人に財産がある場合、ない場合、あるはずの被相続人の財産がない場合、財産があっても興味のない人、さまざまである。相続財産も、現金、有価証券、貴金属等動産、不動産など積極的財産もあれば、借金など消極的財産もある。積極的財産は欲しいが、消極的財産は望まないのが人の常であろう。被相続人から生前財産を譲り受けていた者、遺言により財産贈与を指名される者、相続人から排除される者、被相続人の生前にその財産を着服した者もいる。争族の始まりである。

　以下、相続にまつわる問題を解決する知識を整理しておくことが、本章の狙いである。

## 第1　相続人

### 1　相続人の範囲

#### （1）相続の発生事由

　相続は、死亡によって開始する（民 882 条）。人の死亡には、「自然人の死亡」と人の死を擬制する「失踪宣告による死亡」とがある。

　ア　死亡の事実があった場合、①死者と同居の親族、②その他の同居者、③家主、地主又は家屋若しくは土地の管理人の順序に従って、死亡の事実を知った日から 7 日以内（国外で死亡があったときは、その事実を知った日から 3 箇月以内）に、死亡の届書に死亡の年月日時分及び場所を記載し、診断書又は検案書を添付して死亡の届出をしなければならない（戸 86 条以下）。死亡の届出は、同居の親族以外の親族、後見人、保佐人、補助人及び任意後見人も、これをすることができる（同 87 条 2 項）。

　イ　失踪宣告には、不在者の死が 7 年間生死不明の場合の「普通失踪」宣告（民 30 条 1 項）と戦地に臨んだ者、沈没した船舶の中に在った者その他死亡の原因となるべき危難に遭遇した者の生死が、それぞれ、戦争が止んだ後、船舶が沈没した後又はその他の危難が去った後一年間明らかでないときに認められる「特別失踪」宣告（同条 2 項）とがあり、普

通失踪の場合は期間経過時に、特別失踪の場合は危難が去った時にそれぞれ、死亡したものとみなされる（同 31 条）。

　ウ　そのほか、戸籍法上、水難、火災その他の事変によって死亡した者がある場合には、その取調をした官庁又は公署は、死亡地の市町村長に死亡の報告をしなければならない「認定死亡」（戸 89 条）があるが、この場合の死亡時は報告書記載の日時になる。

（2）相続人（戸籍上）の捜索

　相続人を確定するためには、被相続人の出生から死亡までの身分関係を明らかにする必要がある。そのためには相続関係者の戸籍調査をしなければならない。つまり、被相続人である死者の戸籍を手掛かりに、相続人を戸籍の上で捜索確定させる必要がある。具体的には、被相続人の「除籍謄本」（結婚、離婚、死亡、転籍などにより、その戸籍に記載されている、在籍している人が誰もいなくなった状態の戸籍（除籍）を、役所に発行してもらう際の書面）と被相続人の戸籍謄本を取得し、被相続人の出生から死亡までの身分関係を明らかにする[1]。

（3）特別代理人の選任

　親権を行う父又は母とその子との利益が相反する行為については、親権を行う者は、その子のために「特別代理人」を選任することを家庭裁判所に請求しなければならない（民 826 条 1 項）。したがって、例えば、親権者と子とが共同相続人の場合に、子が相続放棄をする場合や遺産分割協議をする場合には、特別代理人の選任を請求する必要がある。

## 2　相続順位

（1）被相続人の配偶者

　配偶者は、常に相続人となる（同 890 条前段）。この場合において、子及びその代襲者等の相続権（同 887 条）又は直系尊属及び兄弟姉妹の相

---

1　戸籍（出生・死亡・結婚などの身分事項を記録したもの）には附票という住所の「移転履歴」を記録した書類がある。附票は、本籍地の役所でのみ交付してもらうことができる（これに対して、住民票は、住所の異動や世帯の構成を記録したもので、住所地の役所が管理する）。戸籍関係証明書を取得するには、①本人が窓口で直接取得、②代理人（親戚・知人）が窓口で取得（委任状が必要）、又は③郵送請求による取寄せの 3 つがある。

続権（同889条）により相続人となるべき者があるときは、その者と同順位になる（同890条後段）。

（2）第一順位

ア　被相続人の子（実子及び養子）は、相続人となる（同887条1項）。ただし、子が特別養子になったときは、実親との関係は消滅するため、相続は発生しない。

イ　被相続人の子が、相続の開始以前に死亡したとき、又は相続人欠格事由（同891条）に該当し、若しくは廃除によって、その相続権を失ったときは、その者の子がこれを代襲して相続人となる（同887条2項）。例えば、A男が死亡したが、妻（B）も子（C）も死亡していた。しかし、Cの妻（D）と子（E）が生存していたとする。この場合、EはC（被代襲者）の代襲相続人となる。

ウ　また、代襲者が、相続の開始以前に死亡し、又は相続人欠格事由に該当し、若しくは廃除によって、その代襲相続権を失った場合について代襲相続の規定が準用される（「再代襲」同887条3項）。なお、相続放棄の場合には、代襲相続は生じない。

エ　養子は実子と同様第一順位相続人であるが、その養子縁組前の子は被相続人（養親）の直系卑属に当たらないため、代襲相続は認められない（同条2項但書。昭37年改正）。

（3）第二順位

第一順位の相続人（同887条）となるべき者がいない場合には、被相続人の直系尊属が相続人になる。ただし、親等の異なる者の間では、その近い者を先にする（同889条1項1号）。

（4）第三順位

第二順位の相続人もいない場合には、被相続人の兄弟姉妹が相続人となる（同項2号）。第三順位の相続人には、その子について代襲相続が発生する（同889条2項、887条2項）が、再代襲は認められない（同889条1項は887条3項を準用していない）。

### 3　相続割合

　同順位の相続人が数人あるときは、その相続分は、次の定めるところによる（同 900 条）。

（1）子及び配偶者が相続人であるときは、子の相続分及び配偶者の相続分は、各 2 分の 1 とする。

（2）配偶者及び直系尊属が相続人であるときは、配偶者の相続分は、3 分の 2 とし、直系尊属の相続分は、3 分の 1 とする。

（3）配偶者及び兄弟姉妹が相続人であるときは、配偶者の相続分は、4 分の 3 とし、兄弟姉妹の相続分は、4 分の 1 とする。

（4）子、直系尊属又は兄弟姉妹が数人あるときは、各自の相続分は、相等しいものとする。

　なお、民法 900 条 4 号但書前段に「嫡出でない子の相続分は、嫡出である子の相続分の 2 分の 1 とする」と規定されていたが、最高裁大法廷判決（平 25・9・4 民集 67-6-1320）により、違憲と判断され削除された。参照、第 1 章第 4−2。

### 4　単純承認・限定承認・相続放棄

　相続人は相続するか否かの選択権を有する。すなわち、相続人は無限に相続するか、逆に全面的に棄権することもできるが（放棄）、プラスの相続財産の範囲内で債務の責任を負う（限定承認）こともできる。

（1）単純承認

　ア　相続人は、次に掲げる場合には、単純承認をしたものとみなす（民 921 条）。

（a）相続人が相続財産の全部又は一部を「処分」（財産の現状、性質を変更する行為）したとき単純承認とみなされる（同条 1 号）。「かかる行為は相続人が単純承認をしない限りしてはならないところであるから、これにより黙示の単純承認があるものと推認しうるのみならず、第三者から見ても単純承認があつたと信ずるのが当然であると認められることにある」（最判昭 42・4・27 家月 19-7-56）というのが立法趣旨である。ただし、保存行為及び短期賃貸借（民 602 条）に定める期間を超えない

賃貸をすることは、この限りでない（同 921 条 1 号但書）。

（b）相続人が相続の開始があったことを知った時から 3 箇月以内に限定承認又は相続の放棄をしなかったとき（同条 2 号）。

（c）相続人が、限定承認又は相続の放棄をした後であっても、相続財産の全部若しくは一部を隠匿し、私的にこれを消費し、又は悪意でこれを相続財産の目録中に記載しなかったとき。ただし、その相続人が相続の放棄をしたことによって相続人となった者が相続の承認をした後は、この限りでない（同条 3 号）。

イ　相続人は、単純承認をしたときは、無限に被相続人の権利義務を承継する（民 920 条）。

（2）相続放棄

ア　熟慮期間　相続人は、自己のために相続の開始があったことを知った時から 3 箇月以内（熟慮期間）に、相続について、「単純承認」若しくは「限定承認」又は「放棄」をしなければならない。熟慮期間は、利害関係人又は検察官の請求によって、家庭裁判所において伸長することができる（民 915 条 1 項）。相続人は、相続の承認又は放棄をする前に、相続財産の調査をすることができる（同条 2 項）。自己のために相続の開始があったことを知った時から 3 箇月以内（熟慮期間）に、相続の放棄をしようとする相続人は、その旨を家庭裁判所に申述しなければならない（同 938 条）。

「相続の開始があったことを知った時」とは、相続人が相続財産の全部又は一部の存在を認識し又は認識できる時から起算する。例えば、被相続人の死亡の約 1 年後、保証債務の存在を知った時から 3 か月以内に放棄がなされれば、放棄は有効である（最判昭 59・4・27 民集 38-6-698）。

イ　効　果　相続の放棄をした者は、その相続に関しては、初めから相続人とならなかったものとみなされる（同 939 条）。したがって、相続放棄により代襲相続は生じない（同 887 条 2 項）。

（a）夫（A）が妻（B）と子（C）を残して他界し、C が相続放棄した場合には、C の子は代襲相続しない。

（b）相続放棄をして同一順位の相続人がいなくなると、次順位の者

が相続人になる。例えば、夫（A）が妻（B）と子（C）を残して他界した場合で、BとCが相続放棄した場合、Aの父（D）と母（E）存命中のときは、D・Eが相続人になる。D・Eが放棄した場合で、Aの兄弟F・Gがいる場合には、F・Gが相続人になる。

　ウ　相続放棄と相続分の放棄　　「相続放棄」と「相続分の放棄」とは異なる。相続放棄は「初めから相続人とならなかったものとみなされる」のであり、相続分の放棄は残された相続人の相続分率に応じて配分される。例えば、被相続人（父）の相続人は妻（A）と子（B）及び（C）であった場合、Bが相続放棄したときのAの相続分は1/2、Cは1/2となる。Bが相続分の放棄をしたときのAの相続分は1/2×4/3（1/2＋1/4＝3/4の逆数〈つまり4/3〉）＝2/3、Cの相続分は1/4×4/3（1/2＋1/4＝3/4の逆数）＝1/3になる。

　エ　相続分の譲渡　　共同相続人や第三者（例えば内縁の妻）に対し、相続分を譲渡することができる。相続分の譲渡により、譲受人は、譲渡人が遺産上に有する持分割合をそのまま承継取得し、譲渡人は遺産分割手続きから離脱する。ただし、第三者に相続財産である特定不動産を譲渡する場合、登記実務では、譲渡人が相続し、その後贈与なり売買なりにより、第三者が登記の移転を受ける。

（3）限定承認

　ア　意　　義　　相続人は、相続によって得た財産の限度においてのみ被相続人の債務及び遺贈を弁済すべきことを留保して、相続の承認をすることができる（民922条）。被相続人の債務額が不明で、相続財産の全体としてプラスかマイナスかが不明の場合に、プラスの相続財産限りで債務を清算し、なおプラスがあれば承継するという方法である。

　イ　方　　式　　限定承認をしようとするときは、相続の開始があったことを知った時から3箇月以内に、相続財産の目録を作成して家庭裁判所に提出し、限定承認をする旨を申述しなければならない（同924条）相続人が数人あるときは、限定承認は、共同相続人の全員が共同してのみこれをすることができる（同923条）。

　ウ　効　　果　　相続人が限定承認をしたときは、その被相続人に対

して有した権利義務は、消滅しなかったものとみなす（同925条）。相続の総則的効果からすれば、相続人の死亡の時から、相続人は「被相続人の財産に属した一切の権利義務を承継する」（同896条）が、限定承認では、被相続人と相続人間においては、相続財産を相続人の固有財産から分離して清算するために、混同（相対立する二つの法律的地位が同一人に帰すること）による権利義務の消滅を認めない。

限定承認をした相続人が死因贈与による不動産の取得を相続債権者に対抗することができるか。不動産の死因贈与の受贈者が贈与者の相続人である場合において、限定承認がされたときは、死因贈与に基づく限定承認者への所有権移転登記が相続債権者による差押登記よりも先にされた事案において、最判平10・2・13（民集52-1-38）信義則に照らし、限定承認者は相続債権者に対して不動産の所有権取得を対抗することができない。

## 5　相続欠格・推定相続人廃除
### （1）相続人の欠格事由（同891条）
次に掲げる者は、相続人となることができない。

ア　故意に被相続人又は相続について先順位若しくは同順位にある者を死亡するに至らせ、又は至らせようとしたために、刑に処せられた者。

イ　被相続人の殺害されたことを知って、これを告発せず、又は告訴しなかった者。ただし、その者に是非の弁別がないとき、又は殺害者が自己の配偶者若しくは直系血族であったときは、この限りでない。

ウ　詐欺又は強迫によって、被相続人が相続に関する遺言をし、撤回し、取り消し、又は変更することを妨げた者。

エ　詐欺又は強迫によって、被相続人に相続に関する遺言をさせ、撤回させ、取り消させ、又は変更させた者。

オ　相続に関する被相続人の遺言書を偽造し、変造し、破棄し、又は隠匿した者。実務ではこれが一番問題になる。相続に関する被相続人の遺言書又はこれについてされている訂正が方式を欠き無効である場合に、相続人が右方式を具備させて有効な遺言書又はその訂正としての外

形を作出する行為について、最判昭 56・4・3 民集 35-3-431）は、民法
891 条 5 号にいう遺言書の偽造又は変造にあたるが、それが遺言者の意思
を実現させるためにその法形式を整える趣旨でされたにすぎないもので
あるときは、右相続人は同号所定の相続欠格者にあたらないとした。裁
判所は、相続人が被相続人の遺言書を破棄又は隠匿した行為が相続に関
して不当な利益を目的とするものでない限り、相続欠格者に当たらない
（最判平 9・1・28 民集 51-1-184）と考えている。

### （2）推定相続人の廃除

　遺留分を有する推定相続人（相続が開始した場合に相続人となるべき
者をいう。）が、被相続人に対して「虐待」をし、若しくはこれに「重大
な侮辱」を加えたとき、又は推定相続人にその他の「著しい非行」があっ
たとき、被相続人は、その推定相続人の廃除を家庭裁判所に請求するこ
とができる（同 892 条）。

　ア　推定相続人に民法 892 条にいう「著しい非行」があり排除の申立
てが認められたものとして、被相続人の養子が、被相続人が 10 年近く入
院及び手術を繰り返していることを知りながら、居住先の外国から年 1
回程度帰国して生活費等として被相続人から金員を受領するだけで、被
相続人の面倒をみることはなく、また被相続人から提起された離縁訴訟
等について、連日電話で長時間にわたって取下げを執拗に迫り、同訴訟
をいたずらに遅延させた事例（東京高決平 23・5・9 家月 63-11-60）、推
定相続人（長男）が借金を重ね、被相続人に 2,000 万円以上を返済させ
たり、相手方の債権者が被相続人宅に押しかけたりといった事態により、
被相続人を約 20 年間にわたり経済的、精神的に苦しめてきた事例（神戸
家審庭伊丹支部平 20・10・17 家月 61-4-108 は「虐待」も認定した）、被
相続人が 70 歳を超えた高齢であり、介護が必要な状態であったにもかか
わらず、被相続人の介護を妻に任せたまま出奔した上、父から相続した
田畑を被相続人や親族らに知らせないまま売却し、妻との離婚後、被相
続人や子らに自らの所在を明らかにせず、扶養料も全く支払わなかった
事例（福島家審平 19・10・31 家月 61-4-101）がある。

　イ　「虐待」を認定したものとして、末期がんを宣告された妻が手術

後自宅療養中であったにもかかわらず、療養に極めて不適切な環境を作出し、妻にこの環境の中での生活を強いたり、その人格を否定する発言をするなどした夫の事例（釧路家北見支審平 17・1・26 日家月 58-1-105）、推定相続人が被相続人の多額の財産をギャンブルにつぎ込んでこれを減少させた行為と評価するしかなく，その結果，被相続人をして，自宅の売却までせざるをえない状況に追い込んだものであり，さらに，被相続人から会社の取締役を解任されたことを不満に思い，虚偽の金銭消費賃借契約や賃貸借契約を作出して民事紛争を惹き起こし、訴訟になった後も被相続人と敵対する不正な証言を行っているなどした事例（大阪高決平 15・3・27 家月 55-11-116）がある。

　ウ　その一方で、推定相続人の虐待、侮辱、その他の著しい非行が相続的共同関係を破壊する程度に重大なものであるかの評価は、相続人のとった行動の背景の事情や被相続人の態度及び行為も斟酌考量した上でなされなければならないが、相続人（長男）の力づくの行動や侮辱と受け取られる言動は、嫁姑関係の不和に起因したものであって、その責任を相続人にのみ帰することは不当であり、これをもって廃除事由に当るとすることはできないとした事例（東京高決平 8・9・2 家月 49-2-153）がある。

（3）遺言による推定相続人の廃除

　被相続人が遺言で推定相続人を廃除する意思を表示したときは、遺言執行者は、その遺言が効力を生じた後、遅滞なく、その推定相続人の廃除を家庭裁判所に請求しなければならない。この場合において、その推定相続人の廃除は、被相続人の死亡の時にさかのぼってその効力を生ずる（民 893 条）。

（4）相続資格喪失の効果

　相続人が、相続資格を失った場合、その効果は、相続開始まで遡る。従って、それまでにした遺産分割などは無効となる。ただし、この効果は被相続人と欠格者との相対的効力に過ぎず、欠格者の子は代襲相続が可能である。

## 第2　遺産（相続財産）の範囲

### 1　遺産分割の対象

（1）相続開始時に存在すること

被相続人の一身専属権を除いて死亡時の全財産（プラスもマイナスも含めた）が対象である。

（2）遺産分割時に存在すること・未分割であること

「相続開始当時存在した遺産たる物件であっても、遺産分割の審判時に現存しないものは、分割審判の対象とすることはできない」（東京家審昭 44・2・24 家月 21-8-108）。

逆に、相続開始の時に存在した遺産から遺産分割までの間に果実が生じた場合のその果実の扱いについては裁判例が分かれている。

（3）遺産の範囲の争い

遺産の範囲について争いがある場合には、調停において取り決めすることもできる。また、審判により裁判所の判断を仰ぐこともできるが（最大昭 41・3・21 判時 439-12）、既判力（判決が確定すれば、その後同一の事件が訴訟上問題となっても、当事者はこれに反する主張をなしえず、後の裁判所もそれに抵触する内容の裁判ができないという拘束力）が生じないため、現在の実務では訴訟により解決するしかない。したがって、例えば調停において被相続人の通帳を管理する相続人が、被相続人の死亡前、又は被相続人の死後、被相続人の預金を引き出したと思われるが、それを否認していたり、十分な説明をしない場合、その者を相手方として、訴えを提起するしかない。

### 2　包括承継の原則

相続人は、相続開始の時から、被相続人の財産に属した一切の権利義務を承継する（民 896 条本文）。以下では、相続財産として扱われるか否か問われた若干例を挙げておく。

（1）慰謝料請求権

ア　かつて大審院判決には、被害者が「残念残念」と叫びながら死亡した事実は、慰藉料請求する意思の表示と解され、この請求権は相続人

に承継されるとした事例がある（昭2・5・30新聞2702-5）が、最高裁は不法行為に基づく慰謝料請求権は、被害者が生前に請求の意思を表明しなくても、当然に相続されるとした（昭42・11・1民集21-9-2249）。

　イ　被害者が即死した場合でも、事故と死亡との間に観念上時間の隔たりがあるから、被害者は受傷の瞬間に賠償請求権が発生し、被害者の死亡によりこれが相続人に承継される（大判大15・2・16民集5-150）。

（2）保証債務

　（a）賃貸借契約の保証人の相続人は、相続開始後に生じた賃料債務についても当然にその債務を負担する（大判昭9・1・30民集13-103）が、

　（b）継続的売買取引について将来負担することあるべき債務について責任の限度額並びに期間の定めのない連帯保証契約における保証人たる地位は、特段の事情のない限り、その相続人は保証債務を承継しない（最判昭37・11・9民集16-11-2270）。

（3）占有権（物に対する事実上の支配状態を占有といい、それに対する法的保護が与えられ占有権と呼ぶ）

　相続人の相続財産に対する占有は、特段の事情がない限り、相続人により相続される（最判昭44・10・30民集23-10-1881）。

3　相続財産に属さないもの

（1）一身専属権

　相続人は、被相続人の一身に専属した権利を、相続により承継することができない（民896条但書）。一身専属権には、代理権（同111条1項）、使用貸借における借主の地位（同599条）、雇用契約上の地位（同625条）、組合員の地位（同679条）のほか、扶養請求権、財産分与請求権、生活保護法に基づく保護受給権（最判昭42・5・24民集21-5-1043）、公営住宅を使用する権利（最判平2・10・18民集44-7-1021）などがある。

（2）祭祀財産

　祭祀財産とは、「系譜、祭具及び墳墓」である（同897条1項）。「系譜」とは先祖代々の家計を記したものをいい、「祭具」とは位牌・仏壇・その他祖先を祭る用に供するもの、「墳墓」とは墓石・墓碑等の遺骨・遺骸を

収めた建造物のほかその敷地をいう。祭祀財産の所有権は、被相続人の指定に従って祖先の祭祀を主宰すべき者（第 1 順位）があるときは、その者が承継する。かかる指定がない場合には、慣習に従って祖先の祭祀を主宰すべき者（第 2 順位）が承継する。ただし、慣習が明らかでないときは、祭祀財産を承継すべき者は、家庭裁判所が調停又は審判により定める（第 3 順位）（同 897 条 2 項、家手 39 条別表第二第 11 項）。

　祭祀財産は相続財産ではないため、承継者は相続人に限らない。

（3）遺　　骨

　遺骨の所有権は、慣習に従い祭祀財産として祭祀を主宰すべき者に帰属する（最判平元年 7・18 家月 41-10-128）。

（4）生命保険金

　生命保険契約は、保険金の受取人が保険契約者自身である場合と保険契約者でない第三者である場合とがある。

　ア　自己のためにする生命保険契約　　被保険者及び保険金の受取人を保険契約者自身としていた場合や受取人を指定しなかった場合には、保険金は相続財産として扱われる（最判昭 48・6・29 民集 27-6-737）。かかる場合、相続人が受取人になるとする見解もあるが、前者と後者では、相続債権者が保険金請求権を引き当てできるか否かの相違が出てくる。また、保険金受取人が保険事故の発生前に死亡したときは、その相続人の全員が保険金受取人となる（保険 46 条）。

　イ　保険受取人の指定をしていた場合　　受取人を個別に第三者を指定していた場合や単に相続人としていた場合、生命保険金は保険契約の効力に基づき受取人により直接取得される固有財産であり（同 42 条）、相続財産にはならない（最判 40・2・2 民集 19-1-1）―ただし、保険金は特別受益財産（民 903 条）として扱うべきとの見解もある―。単に相続人と指定されていた場合には、法定相続人が固有の受取人である（大阪地判昭 53・3・27 判時 904-104）。なお、相続人の保険金の受取の割合については、平等の割合で取得するという見解もあるが、相続分の割合で取得するとの見解が多数説である。傷害保険契約に関して、最高裁（平 6・7・18 民集 47-5-1233）は後者の立場に立つ。

なお、生命保険金は相続税法上、遺産として扱われる（相税 3 条）。

　　ウ　指定された受取人に肩書がついた場合　　保険契約者が保険金受取人を「妻何某」と指定したが、妻の不貞行為が原因で離婚し、保険金受取人の変更手続をすることなく被保険者が死亡した場合には、受取人は妻であるとする最判昭 58・9・8（民集 37-7-918）がある。しかし、離婚の成立により「妻」の肩書は消滅したのであるから、保険金受取人の変更の意思が黙示にあったものと扱うべきであろう。

　　エ　遺言による保険金受取人の変更　　保険契約締結時、保険契約者が契約書保険金受取人欄に受取人を記載するのが通例であるが[2]、保険契約者は、保険事故が発生するまでは、保険者に対する意思表示によって、保険金受取人の変更をすることができ、その通知が保険者に到達したとき、当該通知を発した時にさかのぼってその効力を生ずる（保険 43 条）。

　　これまで、遺言によって保険金等の受取人を変更することについては法律上の定めがなかったが、保険法の施行（平 22 年）により、遺言によっても受取人を変更することができるようになった（同 44 条 1 項）。遺言による保険金受取人の変更は、その遺言が効力を生じた後、保険契約者の相続人がその旨を保険者に通知することをもって保険者に対抗することができる（同条 2 項）。

### （5）葬儀費用

　葬儀費用について相続人らが協同して執り行えば、まず問題は生じない。しかし、協議が行われないまま相続人の一人や相続人以外の第三者が行った場合の葬儀費用の負担については、①相続人の連帯債務とする見解、②喪主負担とする見解、③慣習・条理に従うとする説とに分かれる。

　葬式費用は葬式の実施という事実により生ずるものであるから、遺族

---

2　保険契約者が自由に保険金受取人を指定できることが原則であるが、保険契約者又は被保険者の親族でない者を保険金受取人に指定するような場合は、道徳的危険（moral hazard）を理由に、契約が拒絶されることもある。受取人を不倫関係にあった女を指名していた場合に、受取の段階において、公序良俗に反するものとして、不倫関係の継続を目的とする指定部分は無効とされた裁判例（東京地判平 8・7・30 金判 1002-25）があるが、疑問である。

間で特段の合意がない場合は、当該葬式の運営方法、内容を決定した葬式主宰者が負担すべきもので、香典は死者の供養のため、あるいは遺族の悲しみを慰めるために贈られる金品であるが、現実的には死者との所縁ある者が葬式費用の一部を負担して、死者の遺族の負担を軽くすることを目的とした相互扶助の精神（所謂「村八分」でも排除されないほど強固な「つきあい」である。）に基づいて行われる金品の贈与であって、この香典という贈与の贈り先は、遺族中の誰と特に指定されることは殆どなく、通常はさきに述べた香典の性格から葬式の主宰者（通常は、喪主。）だからである。したがって、香典を受領し、これを自己の計算で保管・費消した者（喪主）は、すなわち、葬式の主宰者とみるべきである（東京地判平 28・5・25 平成 27 年(ワ)第 6967 号、神戸家審平 11・4・30 家月 51-10-135、東京地判昭 61・1・28 判時 1222-79）。

### （6）死亡退職金

　被相続人の死亡退職金は，賃金の後払的な性質、つまり死亡までの間の労働の対価（未払賃金）としての性質と遺族への生活保障たる性質を有しており、実質的に相続財産に当たると解することもできるが、通常、死亡退職金は支給規定に従い支払われ、原則、相続財産には当たらない。

　支給規定がない場合はどうか。最判昭 62・3・3（家月 39-10-61）は、死亡退職金の支給規程のない財団法人が死亡した理事長の妻に支給した死亡退職金が相続財産に属さず妻個人に属するものとした。

### （7）法定果実

　遺産である不動産から生じた相続開始後の法定果実である賃料収入は、遺産分割の対象となる財産に含まれないが（東京高決昭 63・5・11 家月 60-9-110）、当事者の合意によりこれに含ませることはできる。

## 4　遺産の調査

（1）不 動 産　　不動産の調査に際しては、法務局において登記簿謄本及び公図、市町村役場資産税課において固定資産税課税台帳、土地家屋課税台帳を取得する。

　不動産の価格は、「市場価格との比較」や不動産利用による収益を期待

利回りで除して資本還元する「収益法」による。

　ア　土地賃借権については、前記更地価格に対して借地権割合（路線価図などに記載）を乗じて算定する。

　イ　建物の評価は再調達原価から経過年数で除して算定する「原価法」と固定資産税評価額を目安とする方法がある。

　ウ　建物賃借権の価値は原則ない。

（2）動　　産　　　　取引価格の確認

（3）預　貯　金　　　　取引明細書の取得

（4）有価証券　　　取引相場の確認

（5）債　　務　　　　取引履歴の確認

（6）保証債務　　　身元保証は含まない

## 5　特別受益者の相続分

### （1）特別受益者の相続分

　ア　共同相続人中に、被相続人から、「遺贈」を受け、又は婚姻若しくは養子縁組のため若しくは「生計の資本として贈与」を受けた者があるときは、被相続人が相続開始の時において有した財産の価額にその贈与の価額を加えたものを相続財産とみなし（①）、法定相続分（民900条）、代襲人の相続分（同901条）、遺言による相続分の指定（同902条）の規定により算定した相続分（②）の中からその遺贈又は贈与の価額を控除した残額（③）をもってその者の相続分とする（同903条1項）。

　　①　みなし相続財産＝（相続開始時の相続財産の価額）＋（特別受益額）

　　②　各人の本来の相続分＝（みなし相続財産）×（法定相続分又は指定相続分）

　　③　各人の具体的相続分＝（各人の本来の相続分）－（特別受益額）

　イ　遺贈又は贈与の価額が、相続分の価額に等しく、又はこれを超えるときは、受遺者又は受贈者は、その相続分を受けることができない（同903条2項）。

### （2）持戻し免除

　被相続人が前記ア及びイと異なった意思を表示したときは、その意思

114

表示は、遺留分に関する規定に違反しない範囲内で、その効力を有する（同903条3項）。すなわち、相続人のうち一部が特別受益を得ていた場合、被相続人の合理的意思を推測し、相続人間の公平をはかるため、その特別受益分を加算して具体的相続分の算定を行うが（特別受益の持戻し）、被相続人が持戻しを希望しない意思を表明している場合には、持戻しを行わないことになる。これを特別受益の「持戻しの免除」という。

持戻し免除の意思表示は贈与等と同時にされることは必要でなく、黙示の意思表示でもよい（東京高決平8・8・26家月49-4-52）。持戻しを免除された特別受益が他の相続人の遺留分を侵害している場合には、他の相続人に遺留分減殺請求権が発生する。

### （3）贈与の価額

贈与の価額は、受贈者の行為によって、その目的である財産が滅失し、又はその価格の増減があったときであっても、相続開始の時においてなお原状のままであるものとみなしてこれを定めるが（同904条）、受贈者の行為によらずに財産が滅失した場合には、特別受益として評価せず、逆に評価が増加した場合には特別受益とみなす。

被代襲者に対する生前贈与がある場合、代襲者は被代襲者の持戻義務を負う。

### （4）特別受益

生計の資本としての贈与（特別受益）とは、「事業資金」、「独立生計のための土地建物の贈与」、「婚姻時の持参金」、「同嫁入り道具」、「学資（高等教育・留学）」はこれにあたるが、「結納金」、「挙式費用」、「生命保険」、「死亡退職金」、「遺族給付」は原則あたらない。

被相続人所有の不動産を相続人の一部が無償使用している場合、被相続人と同居している場合には占有補助者であり、特別受益にあたらない。相続開始後の建物の使用は遺産分割時を終期とする使用貸借が成立する（最判平8・12・17民集50-10-2778）。

特別受益の評価の基準時は、相続開始時であり、生前贈与等の価格は相続開始時の価格に引き直す（最判昭51・3・18判時811-50）。特別受益の有無や価格について調停合意できない場合には審判事項になる（実務

の大勢）。

（5）親父はやっていた件

　被相続人Aさんは、生前妻Bとの間に長男C及び長女Eを儲けたほか、ちゃっかりF女との間にG女を儲け認知していた。認知はしていないが、H女との間にもJ男を儲け、H女が金よこせと騒いでいる。Eは既に嫁に行き、婚姻の際には持参金500万円を付けて嫁がせた。Aは不慮の事故のため亡くなったため生命保険1000万円がBに支払われた。不動産資産はなく、預貯金3000万円と時価1000万円の有価証券の合計4000万円があるのみ。この場合の相続人は誰で、現金に換算すると、それぞれいくら相続するか。

## 6　寄 与 分

（1）共同相続人中に、被相続人の事業に関する労務の提供又は財産上の給付、被相続人の療養看護その他の方法により被相続人の財産の維持又は増加について特別の寄与をした者があるときは、被相続人が相続開始の時において有した財産の価額から共同相続人の協議で定めたその者の寄与分を控除したものを相続財産とみなし、法定相続分（民900条）、代襲人の相続分（同901条）、遺言による相続分の指定（同902条）の規定により算定した相続分に寄与分を加えた額をもってその者の相続分とする（同904条の2第1項）。

　ア　寄与分権者は相続人に限られる。

　イ　相続放棄者、相続欠格者、被廃除者は相続人ではないので寄与分を主張できない。

　ウ　相続人の配偶者や子の寄与行為が相続人の寄与行為と同視できる場合には、当該相続人の寄与分として主張できる。

　エ　夫婦間の協力義務（同752条）、親族間の扶養義務・互助義務（同877条1項）の範囲内の行為は特別寄与にあたらない。

　オ　寄与の終期は相続開始までであるが、その後の貢献は、「遺産の分割は、遺産に属する物又は権利の種類及び性質、各相続人の年齢、職業、心身の状態及び生活の状況その他一切の事情を考慮」（同906条）するか

ら、「その他一切の事情」になる。

　カ　寄与行為の対象としては、

　（a）家業従事　　相続人が被相続人から世間並みの給与を受けていれば寄与分は評価できないが、そうでない場合、その部分は無償と評価される（参照、大阪高決平2・9・19家月43-2-144）。寄与額は次の計算による。

　（通常の給付額－生活費）×寄与期間

　（b）金銭等支出

　（c）療養看護　　療養看護の行為が寄与分として認められるためには、当該行為がいわゆる専従性、無償性を満たし、一般的な親族間の不要ないし協力義務を超える特別なものと評価できる必要がある（大阪家審平19・2・26家月59-8-47）。一般に、入院中完全看護の病院に入院しているような場合、付き添い看護の必要性は乏しいと考えられている。

　（d）扶　　養　　扶養義務者が扶養した場合に寄与に当たるか否か、争いがある。通常期待される程度を超える特別の寄与であり、寄与の結果として被相続人の財産を維持又は増加させていることが必要である。

　（e）財産管理　　通常期待される程度を超える特別の寄与であり、寄与の結果として被相続人の財産を維持又は増加させていることが必要である。被相続人の資金運用による資産増加は、寄与と評価できない（参照、大阪家審平19・2・26家月59-8-47）。

　（f）先行相続における相続放棄などがある。

　キ　被相続人の遺産が維持又は増加し、それが現存している必要がある。したがって、寄与後、被相続人の行為により減少ないし消滅してしまえば、寄与の対象にならない。

（2）前記（1）の協議が調わないとき、又は協議をすることができないときは、家庭裁判所（調停・審判）は、同項に規定する寄与をした者の請求により、寄与の時期、方法及び程度、相続財産の額その他一切の事情を考慮して、寄与分を定める（同904条の2第2項）。

（3）寄与分は、被相続人が相続開始の時において有した財産の価額から遺贈の価額を控除した残額を超えることができない（同904条の2第3

項）。

（4）前記（2）の請求は、遺産の分割の協議又は審判等（同907条2項）の規定による請求があった場合又は相続の開始後に認知された者の価額の支払請求権（同910条）に規定による請求があった場合にすることができる（同904条の2第4項）。

## 7　前記第2-5（5）について

相続財産は持参金500万円（特別受益）と預貯金3000万円と有価証券1000万円の4500万円である。相続人は、妻Bと子C、E及びGである。相続財産を4人の法定相続割合（前記第1-3）で計算すればよい。

## 第3　相続財産の管理・処分

### 1　承認・放棄前の管理
### （1）相続人による管理

相続開始により、相続財産は一応相続人に帰属する。そのため承認又は放棄により帰属が確定するまで、相続人は、その固有財産におけるのと同一の注意をもって、相続財産を管理しなければならない（同918条1項）。相続人が数人いる場合には、その共有に属するため（同896条）、共同所有者としての管理に服する（参照、同252・253条）。

### （2）家庭裁判所による処分命令

家庭裁判所は、相続人による管理義務とは別に、利害関係人又は検察官の請求によって、いつでも、相続財産の保存に必要な処分（例えば、財産の封印、換価、処分禁止、管理人の選任）を命ずることができる（同918条2項）。

### 2　相続人の不存在の場合

相続人の不存在とは、「相続人のあることが明らかでないこと」、すなわち戸籍上相続人となるべき者が見当たらず、相続人の有無が不明の状態にある場合をいう。この場合、以下3つの公告を経て、相続人たる権利を主張する者が現れないとき、相続財産の最終的処分がなされる（相

続人である権利を主張する者がないときは、相続人並びに管理人に知れ
なかった相続債権者及び受遺者は、その権利を行うことができない）。

### （1）相続財産法人と管理人選任の公告

　相続人のあることが明らかでないときは、相続財産は、法人とする（民
951 条）。法人を擬制するということであり、この場合、家庭裁判所は、
利害関係人又は検察官の請求によって、「相続財産の管理人」を選任し、
遅滞なくこれを「（相続財産管理人の）公告」（①）しなければならない
（同 952 条）。

　ア　選任された管理人は、管理すべき財産の目録を作成し、この場合
において、その費用は、相続財産の中から支弁される。そのほか、家庭
裁判所は、管理人に対し、相続財産の保存に必要と認める処分を命ずる
ことができる（同 953 条、27 条）。

　イ　管理人は、保存行為又は管理の目的である物又は権利の性質を変
えない範囲内において、その利用又は改良を目的とする行為を必要とす
るときは、家庭裁判所の許可を得て、その行為をすることができる（同
953 条、28 条）。

　ウ　相続財産の管理人は、相続債権者又は受遺者の請求があるときは、
その請求をした者に相続財産の状況を報告しなければならない（同 954
条）。

　エ　家庭裁判所は、管理人に財産の管理及び返還について相当の担保
を立てさせることができ、また、管理人と不在者との関係その他の事情
により、不在者の財産の中から、相当な報酬を管理人に与えることがで
きる（同 953 条、29 条）。

　オ　なお、相続人のあることが明らかになったときは、相続財産法人
は、成立しなかったものとみなすが、相続財産の管理人がその権限内で
した行為の効力を妨げない。

### （2）相続財産の清算と債権申出催告の公告

　ア　相続財産管理人の公告があった後 2 箇月以内に相続人のあること
が明らかにならなかったときは、相続財産管理人は、遅滞なく、すべて
の相続債権者及び受遺者に対し、一定の期間内にその請求の申出をすべ

き旨を2ヵ月を下らない期間、「債権申出催告の公告」（②）しなければならない（同957条1項）。

イ　公告には、相続債権者及び受遺者がその期間内に申出をしないときは弁済から除斥されるべき旨を付記しなければならない。ただし、管理人は、知れている相続債権者及び受遺者を除斥することができない（同条2項、927条2項）。

ウ　上記期間満了に伴い、管理人は、相続債権者・受遺者に対して弁済を開始する。

（3）相続人の捜索と権利主張催告の公告

債権申出催告の公告期間（同957条）満了後、なお、相続人のあることが明かでないときは、家庭裁判所は、管理人又は検察官の請求によって、相続人があるならば一定の期間内にその権利を主張すべき旨を「相続人の捜索の公告」（③）しなければならず、その期間は、6箇月を下ることができない（同958条）。

（4）特別縁故者

ア　以上3つの公告期間中、相続人である権利を主張する者がないときは、相続人並びに管理人に知れなかつた相続債権者及び受遺者は、その権利を失う。

イ　相続人としての権利を主張する者がない場合（同958条の2）において、被相続人と生計を同じくしていた者、被相続人の療養看護に努めた者その他被相続人と特別の縁故があった者の請求によって、これらの者に、家庭裁判所は、相当と認めるとき、清算後残存すべき相続財産の全部又は一部を与えることができる（民958条の3。昭37年改正）。特別縁故者への財産分与の制度は遺言による財産処分を補充するものであり、被相続人が果すことができなかった生前の意思を実現させることを根拠の一つとする（大阪家審昭57・3・31家月35-8-129）。

相続人としての権利を主張する者がない場合に限り、公告期間（少なくとも2箇月）の満了後3箇月以内にしなければならない（同条2項）。

内縁の配偶者は特別縁故者として財産分与（相続ではない）を受けることになる。

　ウ　特別縁故者としての相続財産分与の申立てが認容された事例に、

　（ａ）申立人Ａ（被相続人Ｂの従兄妹）が，客観的に重要な節目で，Ｂの後ろ盾となっていたとする事案（東京家審平 25・12・26 判時 2271-47）、

　（ｂ）被相続人の依頼により任意後見契約を締結するなど被相続人の精神的支えとなっていたことが窺われること，被相続人の死亡後は葬儀や被相続人家の墓守をしていること、被相続人は有効な遺言の方式を備えていないものの、申立人に相続財産を包括遺贈する旨のメモ書きを残していた事例（鳥取家審平 20・10・20 家月 61-6-112）、

　（ｃ）相続人なくして死亡した老人が残した相続財産を、生前同人の療養看護に当たった法人格を有しない老人ホームを特別縁故者と認めて、これに分与した事例（那覇家石垣支審平 2・5・30 家月 42-11-61）などがある。

　エ　特別縁故者としての相続財産分与の申立てが却下された事例に、

　（ａ）被相続人に対して介護予防支援事業契約に基づき予防訪問介護サービスの提供等をしたことを理由としていた地方公共団体の申立（札幌家裁滝川支審平 27・9・11 判タ 1425-341）、

　（ｂ）厚生省から委託を受け，重度の被災労働者の介護付入居施設の運営等を行っているが，その入居費用は入居者の総収入額に応じて段階的に定められている労災特別介護施設の申立（松山家西条支審平 26・5・2 金法 2012-92）、

　（ｃ）被相続人は分家で継続的関係にあり、死後のことを委ねられた等とした申立（一時的な関係や通常の親戚付き合いが認められても、関係が継続的で付き合いが通常を超えているとか、被相続人が死後を申立人に委ねたという主張はいずれも認められない）（東京家審平 25・11・8 LLI/DB 平成 23 年（家）第 70096 号）、

　（ｄ）「その他被相続人と特別の縁故があった者」すなわち「被相続人との間に具体的且つ現実的な精神的・物質的に密接な交渉のあった者で、相続財産をその者に分与することが被相続人の意思に合致するであろうとみられる程度に特別の関係があった者」にあたらないとした事例（長

崎家審平 2・1・26 家月 42-9-41）などがある。

### 3　相続財産の分割（遺産分割）

#### （1）分割自由の原則

　相続財産は、相続の開始と同時に、共同所有となるが、その関係を終了させるために、相続人は、相続開始後いつでも自由に他の相続人に対して、遺産の分割の協議を求めることができる（民 907 条 1 項）。

　例外として、

　ア　被相続人は、遺言で、遺産の分割の方法を定め、若しくはこれを定めることを第三者に委託し、又は相続開始の時から 5 年を超えない期間を定めて、遺産の分割を禁ずることができるほか（同 908 条）、

　イ　家庭裁判所は、期間を定めて、遺産の全部又は一部について、その分割を禁じ（同 907 条 3 項）、

　ウ　共同相続人全員の協議により 5 年を超えない期間分割禁止の特約をすること（同 256 条 1 項但書）もできる。

#### （2）遺産分割の基準

　遺産の分割は、遺産に属する物又は権利の種類及び性質、そして相続人に心身障害者などがいる場合には、それらの者の生活維持に適するよう、各相続人の年齢、職業、心身の状態及び生活の状況その他一切の事情を考慮してこれをおこなう（同 906 条）。当事者の合意により、法定相続分と異なる分割をすることは可能である。ただし、審判において本条の規定が、法定相続分を変更することができるか否かについては争いがある（東京高決昭和 42・1・11 家月 19-6-55 は消極）。

#### （3）分割方法

　遺産分割の方法は、遺言による指定分割（第 9 章）、当事者間の協議（前記（1）参照）、家庭裁判所による分割の 3 種類である。

　遺産の分割について、共同相続人間に協議が調わないとき、又は協議をすることができないときは、各共同相続人は、その分割を家庭裁判所に、調停又は審判として請求することができるが（同 908 条 2 項、家手 39 条別表第二第 11 項）、審判を申し立てた場合でも、裁判所は、職権で

調停に付することができる（家手 244 条）。

### （4）分割の効果

　遺産分割は、相続開始時に遡って効力を生ずる（同 909 条本文）。この規定は分割に遡及効を認めるものであり（宣言的効力）、分割開始前に処分された場合の第三者を保護する必要がある。そのため、同条但書において第三者の権利を害することができないと定めたため、実質的に、第三者との関係においては、相続人が相続により取得した権利について分割時に新たに権利が移転するのと同じ結論になる。

## 第4　相続税（平成 27 年 1 月 1 日現在）

### 1　基礎控除額

　3,000 万円＋600 万円×法定相続人の数が基礎控除額になる。

　例えば、法定相続人が妻と子供 2 人（A・B）の場合の基礎控除額は、3,000 万に（600 万×3 人分）を加えた 4,800 万円になる。

　　（a）遺産額が基礎控除額以下の場合相続税は発生しない。

　　（b）生命保険金や死亡退職金の非課税限度額は、それぞれ 500 万円
　　　　×法定相続人の数

### 2　課税遺産総額

　正味の遺産（土地・建物や預金等の財産から借入金や未払金等の債務を引いたもの。生命保険金や死亡退職金はそれぞれ非課税限度額を超えた分が加算される。）額から基礎控除額を引いたものが課税対象額になる。

　例えば、正味の遺産額が 1 億 4,800 万円の場合、1 億 4,800 万円から 4,800 万円（基礎控除額：前記（1））を控除した金額である 1 億円が課税対象になる。

### （1）法定相続分による按分

　例えば、課税遺産総額が 1 億円、相続人は妻と子 2 人の場合、

　　（a）妻の課税遺産は、5,000 万円＝1 億円×1／2

　　（b）子A・Bの課税遺産はそれぞれ、

2,500 万円＝ 1 億円× 1 ／ 4 （1/2×1/2）

（2） 相続税の総額の計算

　（a） 妻の相続税

　　5,000 万円×20％－200 万円＝800 万円

　（b） 子ＡＢの相続税

　　2,500 万円×15％－50 万円＝325 万円

【表 1】相続税額

| 課税価格 | 税率 | 控除額 | 課税価格 | 税率 | 控除額 |
|---|---|---|---|---|---|
| 1,000 万円以下 | 10％ | － | 2 億円以下 | 40％ | 1,700 万円 |
| 3,000 万円以下 | 15％ | 50 万円 | 3 億円以下 | 45％ | 2,700 万円 |
| 5,000 万円以下 | 20％ | 200 万円 | 6 億円以下 | 50％ | 4,200 万円 |
| 1 億円以下 | 30％ | 700 万円 | 6 億円超 | 55％ | 7,200 万円 |

## 3　相続税を免れるための養子縁組は有効かの件

　2013 年に死亡した男性（当時 82 歳）が、長男の息子である孫と生前に、相続税の節税を目的に結んだ養子縁組の無効を求めて、男性の長女と次女が提訴した。最高裁平 29・1・31（平成 28(受)1255）は、無効とした 2 審・東京高裁判決を破棄した。節税を目的にした養子縁組は富裕層を中心に従来から行われ、その運用を追認するものである。

# 第9章　遺言の話

## ■家政婦は見た件————

　平成23年に死去し「遺産は全て家政婦に渡す」としていた資産家女性（当時97歳）の遺言に反し、実娘2人が遺産を不当に持ち去ったとして、家政婦の見田（仮名、68）が遺産の返還を実娘側に求めて東京地裁に提訴した。実娘側は「遺言は母親をだまして作成させたもので無効だ」などと主張したが、裁判長は「介護せず資産のみに執着する実娘2人と違

い、資産家女性に 50 年以上、献身的に仕えてきた。遺産で報おうとした心情は自然だ」と判断。平成 28 年 1 月 18 日、東京地裁は、見田さんを全面勝訴とし、実娘側に宝石類や約 3 千万円など全遺産の返還を命じた。

判決などによると、見田さんは、中学卒業後に宮崎県から上京し、昭和 36 年ごろに映像会社創業者の夫と暮らす武者小路綾子さん（仮名）方で住み込みの家政婦となった。

武者小路さんの夫は 59 年に死去し、武者小路さんは 10 億円超を相続。見田さんは武者小路さんのもとで家政婦を続けた。月給は当初 6 万円で、夫の死後は無給だった。

武者小路さんは「全ての遺産は家政婦の女性に渡す」と平成 15 年に遺言し、23 年に 97 歳で死去。しかし実娘側は死去当日などに遺産の大半に当たる約 3 千万円を自身の口座に移すなどした。見田さんは住む場所を失い帰郷。その後、遺産返還を求めて実娘側を提訴した。一方、実娘側は、「見田さんは武者小路さんの生前から資産を着服していた。遺言は無効だ」と主張し、着服金として、約 6 千万円の返還を求め反訴した。

争点は（1）遺言は有効か無効か（2）女性は実際に着服していたのか、だった。

実娘側は「遺言は、女性が高齢で判断能力が低下していた武者小路さんに実娘 2 人の嘘の悪評を伝え、不正に作成させた。実の娘を差し置いて家政婦に遺産を渡そうとするとは考えられない」と主張。見田さん側は「武者小路さんには判断能力が十分あった。武者小路さんは多額の援助を受けながら無心を続ける実娘 2 人に資産を奪われることを心配していた。遺言は適正だった」とした。

着服については、実娘側は「遺産が想像以上に少ない。女性が着服していたと考えるのが自然だ」と主張。女性側は「着服は一切していない。実娘への援助などで資産が目減りしただけだ」と反論していた。

判決は、実娘側が長年にわたり武者小路さんに無心を続け、武者小路さんも多額の援助をしてきた▽実娘側が平成 14 年、「海外に移住する」として武者小路さんから 3 千万円を受け取った際、武者小路さんと実娘側は合意の上で「援助はこれが最後」とする念書を書いていた▽移住し

たはずの実娘がすぐに帰国し同居を始めた後、武者小路さんは「資産を奪われるのが怖くて外出できない」と第三者に話していた▽武者小路さんの死後に見田さんが帰郷した際、着の身着のままで現金も 5 千円しか持っておらず、大金を着服した人物ならば不自然だ―などと指摘した。

　「使途不明金はカネ遣いの荒い実娘側に渡るなどしたと考えられる。見田さんによる着服は認められず、推認すらできない」と断定。「遺言作成当時は介護を期待できる実娘も移住してしまっていた。その中で長年自分を支えてきてくれた唯一の存在である見田さんに感謝し、全資産を譲る心境になるのは自然だ」とし、遺言は適正なものだったとした。

　さらに「実娘 2 人は武者小路さんの資産に執着し、無心を繰り返してきた。『遺言は不合理だ』とする実娘側の主張は、それまでの自身の行いを省みないものだ」と批判し、訴訟費用も全額実娘側の負担とした[1]。

## 第1　遺　　言

### 1　遺言の意義

　遺言とは、人が生涯得た財産を死後、最も有効かつ有意義に活用してもらうために行う遺言者の最後の意思表示である。遺言がなければ、被相続人の財産は法定相続分に応じて分配される。遺言は、遺言者の真意を確実に実現させる必要があるため、法律により厳格な方式が定められ、その方式に従わない遺言はすべて無効である（民 960 条）。

　遺言制度の存在理由は、①自己の財産関係や身分関係を事前に決めておきたいという意思の尊重であり、②そこには財産の私的所有の是認が根底にあり、③かかる遺言の自由を社会公共の福祉の立場から正当視される範囲において是認するという社会公共の福祉に基盤がある。

### 2　遺言の方式

　遺言は、自筆証書、公正証書又は秘密証書の方式によってしなければならない。ただし、特別の方式によることを許す場合は、この限りでな

---

1　http://www.sankei.com/affairs/news/160124/afr1601240011-n1.html、
http://blog.fujitv.co.jp/goody/E20160125001.html

い（民967条）。

## （1）自筆証書遺言（同968条）

ア　自筆証書によって遺言をするには、遺言者が、その全文、日付及び氏名を自書し、これに印を押さなければならない（同条1項）。タイプ、コピー、ワープロによるものは自筆に当たらない。ただし、英国人のタイプライターによる遺言書が有効とされた審判例がある（東京家審昭48・4・20家月25-10-13）。

イ　日付の記載場所について制限はなく、遺言が数葉にわたるときの一葉のみの日付・署名・捺印や遺言書の封筒に記載された日付は有効である（前者につき最判昭36・6・22民集15-6-1622、後者につき福岡高判昭27・2・27高民集5-2-70）。

「平成29年1月」など日の記載がない遺言、日付を「平成29年1月吉日」と記載した遺言は無効であるが（前者につき最判昭52・11・29家月30-4-100、後者につき最判昭54・5・31民集33-4-445）、「古希の日」とか「70歳の誕生日」などは日付が特定できている記載であるので有効である。

ウ　自筆証書中の加除その他の変更は、遺言者が、その場所を指示し、これを変更した旨を付記して特にこれに署名し、かつ、その変更の場所に印を押さなければ、その効力を生じない（同条2項）。押印をめぐっては、平成元年、最高裁が「母印」を有効とする判断を下し（元・2・16民集43-2-45、同・6・20判タ704-177）、遺言者の真意が確認できれば、広く認めていく方向にあった。しかし、戦国武将などが使ってきた「花押（かおう）」が、遺言書に必要な「押印」の代わりになるかどうかが争われた訴訟の上告審判決で、最高裁（平28・6・3民集70-5-1263）は、「花押は押印とは認められ」ず、遺言書は無効とする初めての判断を示した。

エ　なお、現在、法制審議会において、自筆証書遺言については、遺贈等の対象となる財産の特定（物件等目録）に関する事項については、自書でなくてもよいものとする方式緩和や自筆証書遺言を作成した者が一定の公的機関に遺言書の原本の保管を委ねることができる制度の創設の検討が進められている。

（2）公正証書遺言

　ア　公正証書によって遺言をするには、次に掲げる方式に従わなければならない（同 969 条）。

　（a）証人 2 人以上の立会いがあること。

　（b）遺言者が遺言の趣旨を公証人に口授すること。

　（c）公証人が、遺言者の口述を筆記し、これを遺言者及び証人に読み聞かせ、又は閲覧させること。

　（d）遺言者及び証人が、筆記の正確なことを承認した後、各自これに署名し、印を押すこと。ただし、遺言者が署名することができない場合は、公証人がその事由を付記して、署名に代えることができる。

　（e）公証人が、その証書は前各号に掲げる方式に従って作ったものである旨を付記して、これに署名し、印を押すこと。

　イ　公正証書遺言の方式の特則　　口がきけない者が公正証書によって遺言をする場合には、遺言者は、公証人及び証人の前で、遺言の趣旨を通訳人の通訳により申述し、又は自書して、前記（b）の口授に代えなければならない。この場合における前記（c）について、「口述」とあるのは、「通訳人の通訳による申述又は自書」とする。

　公正証書遺言の遺言者又は証人が耳が聞こえない者である場合には、公証人は、前記（2）ア（c）の筆記した内容を通訳人の通訳により遺言者又は証人に伝えて、前記の読み聞かせに代えることができる。

　公証人は、以上の方式に従って公正証書を作ったときは、その旨をその証書に付記しなければならない（同 969 条の 2）。

　ウ　公正証書遺言の作成費用　　目的財産の価額を基準に、手数料の額は次のようになる。

　（a）100 万円まで、5 千円

　（b）100 万円を超え 200 万円まで、7 千円

　（c）200 万円を超え 500 万円まで、1.1 万円

　（d）500 万円を超え 1,000 万円まで、1.7 万円

　（e）1,000 万円を超え 3,000 万円まで、2.3 万円

（f）3,000 万円を超え 5,000 万円まで、2.9 万円

（g）5,000 万円を超え 1 億円まで、4.3 万円

（h）1 億円を超え 3 億円まで、4.3 万円＋5 千万円超過ごとに 1.3 万円加算

（i）3 億円を超え 10 億円まで、8.5 万円＋5 千万円超過ごとに 1.1 万円加算

（j）10 億円超、4 万 9 千円＋5 千万円超過ごとに 8 千円加算

## （3）秘密証書遺言(同 970 条)

　秘密証書によって遺言をするには、次に掲げる方式に従わなければならない。秘密証書による遺言は、下記（b）（c）（d）に定める方式に欠けるものがあっても、自筆証書遺言（前記（1）同 968 条）に定める方式を具備しているときは、自筆証書による遺言としてその効力を有する（同 971 条）。

　　（a）遺言者が、その証書に署名し、印を押すこと。パソコンや代筆でも可能である。

　　（b）遺言者が、その証書を封じ、証書に用いた印章をもってこれに封印すること。

　　（c）遺言者が、公証人一人及び証人 2 人以上の前に封書を提出して、自己の遺言書である旨並びにその筆者の氏名及び住所を申述すること。

　　（d）公証人が、その証書を提出した日付及び遺言者の申述を封紙に記載した後、遺言者及び証人とともにこれに署名し、印を押すこと。　手数料は、11,000 円（定額）である。

【表 1】各種遺言の特徴

|  | 自筆証書遺言 | 公正証書遺言 | 秘密証書遺言 |
|---|---|---|---|
| 特　徴 | すべて遺言者が書く | 公証人が作成 | 遺言内容は秘密、遺言の存在のみ公証人役場で証明 |
| 留意点 | ○代書、パソコン、テープ等不可○日付必要 | 家庭裁判所の検認手続不要 | ○代書、パソコン可能○封入・封印必要 |
| 署名押印 | 必要 | 実印・印鑑証明書必要 | 必要 |
| 立会証人 | 不要 | 2 人以上必要 | 2 人以上必要 |
| その他 | 隠匿、偽造、紛失の恐れ | 手間と費用を要する | 遺言書の滅失隠匿の恐れ |

## （4）死亡危急者遺言（一般危急時遺言）

ア　疾病その他の事由によって死亡の危急に迫った者が遺言をしようとするときは、証人 3 人以上の立会いをもって、その一人に遺言の趣旨を口授して、これをすることができる（同 976 条）。

イ　一般危急時遺言は、①証人 3 人以上の立会い、②遺言者が証人の 1 人に内容を口述、③口述を受けた証人が内容を筆記し、遺言者及び他の証人に読み聞かせ、又は閲覧させ、④各証人がその筆記した内容が正確なことを承認した後、それぞれ署名押印する（同条 1 項）。遺言書の作成日付は有効要件になっていない（最判昭 47・3・17 民集 26-2-249）。

ウ　口がきけない者が一般危急時遺言をする場合には、遺言者は、証人の前で、遺言の趣旨を通訳人の通訳により申述して、同項の口授に代えなければならない（同条 2 項）。

エ　遺言者又は他の証人が耳が聞こえない者である場合には、遺言の趣旨の口授又は申述を受けた者は、同項後段に規定する筆記した内容を通訳人の通訳によりその遺言者又は他の証人に伝えて、同項後段の読み聞かせに代えることができる（同条 3 項）。

オ　なお、以上の方式でなされた遺言は、遺言の日から 20 日以内に証人の 1 人又は利害関係人から請求し、家庭裁判所の「確認」を得なければならない（同条 4 項）。相続開始後には、検認手続（後記）も必要である。

家庭裁判所は、前項の遺言が遺言者の真意に出たものであるとの心証を得なければ、これを確認することができない（同条 5 項）。

## （5）伝染病隔離者の遺言

伝染病のため行政処分によって交通を断たれた場所に在る者は、警察官一人及び証人一人以上の立会いをもって遺言書を作ることができる（同 977 条）。遺言者、筆者、立会人及び証人は、各自遺言書に署名し、印を押さなければならない（同 980 条）。署名又は印を押すことのできない者があるときは、立会人又は証人は、その事由を付記しなければならない（同 981 条）。

## （6）在船者の遺言

　船舶中に在る者は、船長又は事務員一人及び証人二人以上の立会いをもって遺言書を作ることができる（同978条）。遺言者、筆者、立会人及び証人は、各自遺言書に署名し、印を押さなければならない（同980条）。署名又は印を押すことのできない者があるときは、立会人又は証人は、その事由を付記しなければならない（同981条）。

## （7）船舶遭難者遺言

　船舶が遭難した場合において、当該船舶中に在って死亡の危急に迫った者は、証人二人以上の立会いをもって口頭で遺言をすることができる（同979条）。署名又は印を押すことのできない者があるときは、立会人又は証人は、その事由を付記しなければならない（同981条）。

## （8）（4）から（7）による遺言は、遺言者が普通の方式によって遺言をすることができるようになった時から6箇月間生存するときは、その効力を生じない（同983条）。

## （9）外国に在る日本人の遺言の方式（同984条）

　日本の領事の駐在する地に在る日本人が公正証書又は秘密証書によって遺言をしようとするときは、公証人の職務は、領事が行う。

## 3　遺言事項として許されるもの

### （1）遺言によってのみ許される行為

　ア　後見人・後見監督人の指定　　未成年者に対して最後に親権を行う者は、遺言で、未成年後見人を指定することができる。ただし、管理権を有しない者は、この限りでない。　親権を行う父母の一方が管理権を有しないときは、他の一方は、前記により未成年後見人の指定をすることができる（同839条）。未成年後見人を指定することができる者は、遺言で、未成年後見監督人を指定することができる（同848条）。

　イ　相続分の指定とその委託　　被相続人は、法定相続分及び代襲相続分の規定にかかわらず、遺言で、共同相続人の相続分を定め、又はこれを定めることを第三者に委託することができる。ただし、被相続人又は第三者は、遺留分に関する規定に違反することができない（同902

条1項）。

　被相続人が、共同相続人中の一人若しくは数人の相続分のみを定め、又はこれを第三者に定めさせたときは、他の共同相続人の相続分は、法定相続分及び代襲相続分の規定により定める（同902条2項）。

　ウ　遺産分割の方法の指定とその委託及び遺産分割の禁止
被相続人は、遺言で、遺産の分割の方法を定め、若しくはこれを定めることを第三者に委託し、又は相続開始の時から5年を超えない期間を定めて、遺産の分割を禁ずることができる（同908条）。ここに「分割方法の指定」とは、法定相続分の変更をすることなく、現物分割、債務負担による分割、換価分割のいずれかを指定する場合である。

　エ　遺言執行者の指定（同1006条）　　遺言者は、遺言で、一人又は数人の遺言執行者を指定し、又はその指定を第三者に委託することができる。　遺言執行者の指定の委託を受けた者は、遅滞なく、その指定をして、これを相続人に通知しなければならない。　遺言執行者の指定の委託を受けた者がその委託を辞そうとするときは、遅滞なくその旨を相続人に通知しなければならない。

　オ　遺贈の減殺の割合（同1034条）　　遺贈は、その目的の価額の割合に応じて減殺する。ただし、遺言者がその遺言に別段の意思を表示したときは、その意思に従う。

（2）遺言によってもなしうる行為

　遺言によってもできる行為として下記のものを挙げることができるが、ア及びイは、遺言執行者（後記第3参照）によってのみ執行することができる。

　ア　認　　知　　遺言による認知は、戸籍法の定めるところにより、認知届出書、遺言書、母親の承諾書（胎児認知の場合、同783条1項）又は認知される子の承諾書（子が成人の場合、同782条）、父又は子の戸籍の全部事項証明書を添えて、届け出ることによる（同781条）。

　イ　遺言による推定相続人の廃除　　被相続人が遺言で推定相続人を廃除する意思を表示したときは、遺言執行者は、その遺言が効力を生じた後、遅滞なく、その推定相続人の廃除を家庭裁判所に請求しなけれ

ばならない。この場合において、その推定相続人の廃除は、被相続人の死亡の時にさかのぼってその効力を生ずる（同893条）。

　ウ　遺贈の減殺方法の指定　　遺贈は、その目的の価額の割合に応じて減殺する。すなわち数個の遺贈ないし遺言処分がある場合には、目的の価額に応じて同順位で減殺の対象になる。ただし、遺言者がその遺言に別段の意思を表示したときは、その意思に従う（同1034条）。相続人に対する遺贈が遺留分減殺の対象となる場合においては、右遺贈の目的の価額のうち受遺者の遺留分額を超える部分のみが、目的の価額に当たるものになる（最判平10・2・26家月50・8・38）。

　エ　祭祀主宰者の指定　　祭祀財産の所有権は、被相続人の指定に従って祖先の祭祀を主宰すべき者があるときは、その者が承継する（第1順位・同897条1項但書）。

　オ　特別受益者の相続分の指定（同903条3項）

## 4　遺言能力

　遺言者は、遺言をする時にその能力を有しなければならない（同963条）。

　（1）15歳に達した者は、遺言をすることができる（同961条）。その年齢に達しない者の遺言は無効である。

　（2）未成年者の法律行為（同5条）、成年被後見人の法律行為（同9条）、保佐人の同意を要する行為等（同13条）及び補助人の同意を要する旨の審判等（同17条）の規定は、遺言については、適用しない（同962条）。

　（3）成年被後見人が事理を弁識する能力を一時回復した時において遺言をするには、医師二人以上の立会いがなければならない。遺言に立ち会った医師は、遺言者が遺言をする時において精神上の障害により事理を弁識する能力を欠く状態になかった旨を遺言書に付記して、これに署名し、印を押さなければならない。ただし、秘密証書による遺言にあっては、その封紙にその旨の記載をし、署名し、印を押さなければならない（同973条）。

## 5　遺言の効力の発生時期（同985条）

遺言は、遺言者の死亡の時からその効力を生ずる。遺言に停止条件を付した場合において、その条件が遺言者の死亡後に成就したときは、遺言は、条件が成就した時からその効力を生ずる。遺言の内容である行為が要式行為である場合、たとえば推定相続人の廃除・取消である場合には、遺言執行者が家庭裁判所に排除・取消を請求し、その旨の審判が確定したとき遺言者の死亡時にさかのぼり効力が生じる（同893条後段・894条2項）。

## 6　証人及び立会人の欠格

①未成年者、②推定相続人及び受遺者並びにこれらの配偶者及び直系血族、③公証人の配偶者、4親等内の親族、書記及び使用人は、遺言の証人又は立会人となることができない（同974条）。

## 7　共同遺言の禁止

遺言は、2人以上の者が同一の証書を用いてすることができない（同975条）。

## 8　遺言の撤回

（1）遺言者は、いつでも、遺言の方式に従って、その遺言の全部又は一部を撤回することができる（同1022条）。

（2）前の遺言が後の遺言と抵触するときは、その抵触する部分については、後の遺言で前の遺言を撤回したものとみなす。これは、遺言が遺言後の生前処分その他の法律行為と抵触する場合について準用する（同1023条）。

（3）遺言者が故意に遺言書を破棄したときは、その破棄した部分については、遺言を撤回したものとみなす。遺言者が故意に遺贈の目的物を破棄したときも、同様とする（同1024条）。

（4）撤回された遺言は、その撤回の行為が、撤回され、取り消され、又は効力を生じなくなるに至ったときであっても、その効力を回復しない。ただし、その行為が詐欺又は強迫による場合は、この限りでない（同

1025 条)。

（5）遺言者は、その遺言を撤回する権利を放棄することができない（同1026 条）。

（6）負担付遺贈を受けた者がその負担した義務を履行しないときは、相続人は、相当の期間を定めてその履行の催告をすることができる。この場合において、その期間内に履行がないときは、その負担付遺贈に係る遺言の取消しを家庭裁判所に請求することができる（同 1027 条）。

## 第2　遺　　贈

遺贈とは、遺言者が、包括又は特定の名義で、その財産の全部又は一部を処分することである。ただし、遺留分に関する規定に違反することができない（同 964 条）。

### 1　受　遺　者

権利能力者（自然人、法人）であれば受遺能力があるが、遺言者の死亡時に存在しなければならない（同時存在の原則）。相続に関する胎児の権利能力（同 886 条）及び相続人の欠格事由（同 891 条）の規定は、受遺者について準用する（同 965 条）。

### 2　受遺者の死亡による遺贈の失効（同 994 条）

遺贈は、遺言者の死亡以前に受遺者が死亡したときは、その効力を生じない。停止条件付きの遺贈については、受遺者がその条件の成就前に死亡したときも、同様である。ただし、遺言者がその遺言に別段の意思を表示したときは、その意思に従う。

### 3　遺贈の無効又は失効の場合の財産の帰属

遺贈が、その効力を生じないとき、又は放棄によってその効力を失ったときは、受遺者が受けるべきであったものは、相続人に帰属する。ただし、遺言者がその遺言に別段の意思を表示したときは、その意思に従う（同 995 条）。

## 4　相続財産に属しない権利の遺贈

　遺贈は、その目的である権利が遺言者の死亡の時において相続財産に属しなかったときは、その効力を生じない。ただし、その権利が相続財産に属するかどうかにかかわらず、これを遺贈の目的としたものと認められるときは、この限りでない（同996条）。

　相続財産に属しない権利を目的とする遺贈が相続財産に属するか否かにかかわらず、遺贈の目的とし（民996条但書）有効であるときは、遺贈義務者は、その権利を取得して受遺者に移転する義務を負う。この場合において、同項に規定する権利を取得することができないとき、又はこれを取得するについて過分の費用を要するときは、遺贈義務者は、その価額を弁償しなければならない。ただし、遺言者がその遺言に別段の意思を表示したときは、その意思に従う（同997条）。

## 5　不特定物の遺贈義務者の担保責任（同998条）

　不特定物を遺贈の目的とした場合において、受遺者がこれにつき第三者から追奪を受けたときは、遺贈義務者は、これに対して、売主と同じく、担保の責任を負う。不特定物を遺贈の目的とした場合において、物に瑕疵があったときは、遺贈義務者は、瑕疵のない物をもってこれに代えなければならない。

## 6　遺贈の放棄（同986条）

　受遺者は、遺言者の死亡後、いつでも、遺贈の放棄をすることができる。遺贈の放棄は、遺言者の死亡の時にさかのぼってその効力を生ずる。

## 7　受遺者に対する遺贈の承認又は放棄の催告（同987条）

　遺贈義務者（遺贈の履行をする義務を負う者をいう。）その他の利害関係人は、受遺者に対し、相当の期間を定めて、その期間内に遺贈の承認又は放棄をすべき旨の催告をすることができる。この場合において、受遺者がその期間内に遺贈義務者に対してその意思を表示しないときは、遺贈を承認したものとみなす。

## 8 受遺者の相続人による遺贈の承認又は放棄（同988条）

受遺者が遺贈の承認又は放棄をしないで死亡したときは、その相続人は、自己の相続権の範囲内で、遺贈の承認又は放棄をすることができる。ただし、遺言者がその遺言に別段の意思を表示したときは、その意思に従う。

## 9 遺贈の承認及び放棄の撤回及び取消し（同989条）

遺贈の承認及び放棄は、撤回することができない。

## 10 包括受遺者の権利義務（同990条）

包括受遺者は、相続人と同一の権利義務を有する。

## 11 受遺者による担保の請求（同991条）

受遺者は、遺贈が弁済期に至らない間は、遺贈義務者に対して相当の担保を請求することができる。停止条件付きの遺贈についてその条件の成否が未定である間も、同様とする。

## 12 受遺者による果実の取得（同992条）

受遺者は、遺贈の履行を請求することができる時から果実を取得する。ただし、遺言者がその遺言に別段の意思を表示したときは、その意思に従う。

## 13 遺贈義務者による費用の償還請求（同993条）

留置権者による費用の償還請求権（民299条）の規定は、遺贈義務者が遺言者の死亡後に遺贈の目的物について費用を支出した場合について準用する。 果実を収取するために支出した通常の必要費は、果実の価格を超えない限度で、その償還を請求することができる。

## 14 遺贈の物上代位（同999条）

遺言者が、遺贈の目的物の滅失若しくは変造又はその占有の喪失によって第三者に対して償金を請求する権利を有するときは、その権利を遺贈の目的としたものと推定する。

15　第三者の権利の目的である財産の遺贈（同1000条）

　遺贈の目的である物又は権利が遺言者の死亡の時において第三者の権利の目的であるときは、受遺者は、遺贈義務者に対しその権利を消滅させるべき旨を請求することができない。ただし、遺言者がその遺言に反対の意思を表示したときは、この限りでない。

16　債権の遺贈の物上代位（同1001条）

　債権を遺贈の目的とした場合において、遺言者が弁済を受け、かつ、その受け取った物がなお相続財産中に在るときは、その物を遺贈の目的としたものと推定する。

　金銭を目的とする債権を遺贈の目的とした場合においては、相続財産中にその債権額に相当する金銭がないときであっても、その金額を遺贈の目的としたものと推定する。

17　負担付遺贈（同1002条）

　負担付遺贈を受けた者は、遺贈の目的の価額を超えない限度においてのみ、負担した義務を履行する責任を負う。受遺者が遺贈の放棄をしたときは、負担の利益を受けるべき者は、自ら受遺者となることができる。ただし、遺言者がその遺言に別段の意思を表示したときは、その意思に従う。

　負担付遺贈の目的の価額が相続の限定承認又は遺留分回復の訴えによって減少したときは、受遺者は、その減少の割合に応じて、その負担した義務を免れる。ただし、遺言者がその遺言に別段の意思を表示したときは、その意思に従う（同1003条）。

## 第3　遺言の執行

1　遺言執行者の指定及び選任

　遺言執行者は、遺言による指定（同1006条1項）、又は遺言執行者がないときもしくはいなくなったときは、利害関係人の請求により、家裁の選任（同1010条）に基づき就職する。遺言執行者が就職を承諾したと

きは、直ちにその任務を行わなければならず（同 1007 条）、相続人その他の利害関係人は、遺言執行者に対し、相当の期間を定めて、その期間内に就職を承諾するかどうかを確答すべき旨の催告をすることができる。この場合において、遺言執行者が、その期間内に相続人に対して確答をしないときは、就職を承諾したものとみなされる（同 1008 条）。

未成年者及び破産者は、遺言執行者となることができないが（同 1009 条）、相続人や法人は遺言執行者になることができる。

## 2　遺言執行者の地位

（1）法文上、遺言執行者は、相続人の代理人とみなされ（同 1015 条）、相続財産の管理その他遺言の執行に必要な一切の行為をする権利義務を有するが（同 1012 条）、相続人は遺言に関係ある財産について処分の権能を失うため（同 1013 条）、遺言執行者の訴訟法上の地位は、代理人ではなく、自己の名で当事者となる法定訴訟担当（判決の効力は遺言執行者及び相続人らに及ぶ。民訴 115 条 1・2 号）である。

（2）遺言執行者は、受任者と同様、善管注意義務（「受任者は、委任の本旨に従い、善良な管理者の注意をもって、委任事務を処理する義務を負う」。民 644 条）、報告義務（「受任者は、委任者の請求があるときは、いつでも委任事務の処理の状況を報告し、委任が終了した後は、遅滞なくその経過及び結果を報告しなければならない」。同 645 条）、受取物等の引渡義務（「受任者は、委任事務を処理するに当たって受け取った金銭その他の物を委任者に引き渡さなければならない。その収取した果実についても、同様とする。受任者は、委任者のために自己の名で取得した権利を委任者に移転しなければならない」。同 646 条）、金銭消費の責任（「受任者は、委任者に引き渡すべき金額又はその利益のために用いるべき金額を自己のために消費したときは、その消費した日以後の利息を支払わなければならない。この場合において、なお損害があるときは、その賠償の責任を負う」。647 条）、費用償還請求権（「受任者は、委任事務を処理するのに必要と認められる費用を支出したときは、委任者に対し、その費用及び支出の日以後におけるその利息の償還を請求することがで

きる」。同 650 条）の各規定が準用される（同 1012 条 2 項）。

　遺言執行者がある場合には、相続人は、相続財産の処分その他遺言の執行を妨げるべき行為をすることができない（同 1013 条）。遺言執行者として指名されたものが就職を承諾する前においても同様である（最判昭 62・4・23 民集 1-3-474）。相続人がこれに違反した処分は無効であるとする大審院判決（昭 5・6・16 民集 9-550）がある。なお、これについては処分無効に伴う第三者の不利益からの保護の問題があり、民法 1013 条は、法制審の検討課題になっている。

　遺言執行者は、やむを得ない事由がなければ、第三者にその任務を行わせることができない。ただし、遺言者がその遺言に反対の意思を表示したときは、この限りでない。この場合、遺言執行者が第三者にその任務を行わせる場合には、相続人に対して、復代理人を選任した代理人の責任（同 105 条）を負う（同 1016 条）。

## 3　遺言執行者が数人ある場合の任務の執行

　遺言執行者が数人ある場合には、その任務の執行は、過半数で決する。ただし、遺言者がその遺言に別段の意思を表示したときは、その意思に従う。各遺言執行者は、保存行為をすることができる（同 1017 条）。

## 4　遺言書の検認

（1）遺言書の保管者は、相続の開始を知った後、遅滞なく、検認申立書、遺言者・相続人全員・申立人の戸籍謄本や除籍謄本を添えて、これを遺言者の最後の住所地の家庭裁判所に提出して、その「検認」を請求しなければならない（同 1004 条 1 項）。検認とは、遺言の存在する状態を保全するための家庭裁判所における検閲認証手続である。応急時遺言の「確認」（第 1-2（4）オ）とは異なる。遺言書の保管者がない場合において、相続人が遺言書を発見した後も、同様とするが、公正証書による遺言については、適用しない（同条 2 項）。

（2）封印のある遺言書は、家庭裁判所において相続人又はその代理人の立会いがなければ、開封することができない（同 1004 条 3 項）。自筆証書遺言の検認の申立てがされた場合には，裁判所書記官は検認期日を

定めて申立人及び相続人に通知しなければならず、また、遺言書の検認がされたときは、裁判所書記官は、遺言書の検認の期日に立ち会わなかった相続人，受遺者その他の利害関係人（前記通知を受けた者を除く。）にその旨を通知しなければならないとされている（家手規則第 115 条）。

（3）遺言書を提出することを怠り、その検認を経ないで遺言を執行し、又は家庭裁判所外においてその開封をした者は、5 万円以下の過料に処されるが（同 1005 条）、遺言そのものが無効になるわけではない。

## 5　遺言の解釈

（1）遺言内容が意味不明で確定できなければ、遺言は無効になるが、遺言書に表明されている遺言者の意思を尊重して合理的にその趣旨を解釈すべきであり、可能な限りこれを有効とするような解釈をし、「遺言の文言を前提にしながらも、遺言者が遺言書作成に至った経緯及びその置かれた状況等を考慮」される（最判平 5・1・19 民集 47-1-1、同旨、最判平 17・7・22 判時 1908-128）。

（2）遺言書において特定の遺産を特定の相続人に「相続させる」趣旨の遺言の扱い（最判平 3・4・19 判時 1384・-24）

　ア　特定の遺産を特定の相続人に「相続させる」趣旨の遺言は、遺言書の記載から、その趣旨が遺贈であることが明らかであるか又は遺贈と解すべき特段の事情のない限り、当該遺産を当該相続人をして単独で相続させる「遺産分割の方法が指定」されたものと解する（最判平 3・4・19 民集 45-4-477）。

　イ　特定の遺産を特定の相続人に「相続させる」趣旨の遺言があった場合には、当該遺言において相続による承継を当該相続人の意思表示にかからせたなどの特段の事情のない限り、何らの行為を要せずして、当該遺産は、「被相続人の死亡の時」に直ちに相続により承継される（最判平 3・4・19 前出）。

## 6　遺言執行者の業務
### （1）財産目録の作成

　遺言執行者は、相続人及び相続財産の調査を行い、遅滞なく、相続財

産の目録を作成して、各相続人や受遺者らに、遺言執行に就いた旨の通知とともに、交付しなければならない。遺言執行者は、相続人の請求があるときは、その立会いをもって相続財産の目録を作成し、又は公証人にこれを作成させなければならない（同 1011 条）。

**（2）遺言執行者のみが執行できる行為（遺言事項については、前記第1－3）**

ア　認　　知　　遺言による認知の場合には、遺言執行者は、その就職の日から 10 日以内に、認知に関する遺言の謄本を添附して、①父が認知をする場合には、母の氏名及び本籍、②死亡した子を認知する場合には、死亡の年月日並びにその直系卑属の氏名、出生の年月日及び本籍 、③胎内に在る子を認知する場合には、届書にその旨、母の氏名及び本籍を記載し、母の本籍地でこれを届出なければならない（戸 64・60・61 条）。

イ　推定相続人の廃除・取消　　☞前記第1－3（2）（b）参照。

**（3）遺言執行者の報酬等**

家庭裁判所は、相続財産の状況その他の事情によって遺言執行者の報酬を定めることができる。ただし、遺言者がその遺言に報酬を定めたときは、この限りでない（同 1018 条 1 項）。

遺言の執行に関する費用は、相続財産の負担とする。ただし、これによって遺留分を減ずることができない（同 1021 条）。

**（4）遺言執行者の解任及び辞任等**

遺言執行者が死亡すれば、一身専属権であるから、当然に地位を失う。遺言執行者がその任務を怠ったときその他正当な事由があるときは、利害関係人は、その解任を家庭裁判所に請求することができる。遺言執行者は、正当な事由があるときは、家庭裁判所の許可を得て、その任務を辞することができる（同 1019 条）。

## 第4　遺留分

遺留分とは、相続人が、相続について法律上取得することを保証されている相続財産の一定の割合であり、被相続人の遺言による死後処分の自由と、被相続人に生活依存していた相続人の生活保障や共同相続人間

の公平な財産相続との調和を図る制度である。

## 1　遺留分権利者

　遺留分権利者は兄弟姉妹以外の相続人、すなわち子、その代襲相続人、配偶者、直系尊属である（同 1028 条）。胎児については相続について、既に生まれたものとみなされる（同 886 条）。

## 2　遺留分の帰属及びその割合

（1）遺留分権利者は、遺留分として、①直系尊属のみが相続人である場合、被相続人の財産の 3 分の 1（民 1028 条 1 号）、②①以外の場合、被相続人の財産の 2 分の 1（同条 2 号）の割合に相当する額を受ける。

（2）遺留分の額の算定

　ア　遺留分は、被相続人が相続開始の時において有した財産の価額にその贈与した財産の価額を加えた額から債務の全額を控除して、これを算定する（同 1029 条）。条件付きの権利又は存続期間の不確定な権利は、家庭裁判所が選任した鑑定人の評価に従って、その価格を定める。

　イ　加算される贈与

　（a）贈与は、相続開始前の 1 年間にしたものに限り、前条の規定によりその価額を算入する。当事者双方が遺留分権利者に損害を加えること（加害）を知って贈与をしたときは、一年前の日より前にしたものについても、同様とする（同 1030 条）。加害の認識は、減殺請求権を行使する者が立証責任を負う。

　（b）負担付贈与は、その目的の価額から負担の価額を控除したものについて、その減殺を請求することができる（同 1038 条）。

　（c）共同相続人中に、被相続人から、遺贈を受け、又は婚姻若しくは養子縁組のため若しくは生計の資本として贈与を受けた者があるときは、被相続人が相続開始の時において有した財産の価額にその贈与の価額を加えたものを相続財産とみなし、法定相続分、代襲相続分、遺言による相続分により算定した相続分の中からその遺贈又は贈与の価額を控除した残額をもってその者の相続分とする（同 1044・903 条）。

　（d）不相当な対価をもってした有償行為は、当事者双方が遺留分権

利者に損害を加えることを知ってしたものに限り、これを贈与とみなす。この場合において、遺留分権利者がその減殺を請求するときは、その対価を償還しなければならない（同1039条）。

　（e）目的である財産が滅失し、又はその価格の増減があったときであっても、相続開始の時においてなお原状のままであるものとみなしてこれを定める（同1044・904条）。

## 3　遺留分減殺請求権、減殺方法と順序

（1）遺留分権利者及びその承継人は、遺留分を保全するのに必要な限度で、遺贈及び前条に規定する贈与の減殺を請求することができる（同1031条）。

（2）条件付きの権利又は存続期間の不確定な権利を贈与又は遺贈の目的とした場合において、その贈与又は遺贈の一部を減殺すべきときは、遺留分権利者は、遺留分算定規定（「条件付きの権利又は存続期間の不確定な権利は、家庭裁判所が選任した鑑定人の評価に従って、その価格を定める。」同1029条2項）により定めた価格に従い、直ちにその残部の価額を受贈者又は受遺者に給付しなければならない（同1032条）。

（3）負担付贈与は、その目的の価額から負担の価額を控除したものについて、その減殺を請求することができる（1038条）。

（4）贈与は、遺贈を減殺した後でなければ、減殺することができない（同1033条）。遺贈は、その目的の価額の割合に応じて減殺する。ただし、遺言者がその遺言に別段の意思を表示したときは、その意思に従う（同1034条）。贈与の減殺は、後の贈与から順次前の贈与に対してする（同1035条）。

## 4　減殺の効果

　遺留分減殺請求（形成権）により、遺留分侵害行為は効力を失い、目的物の上の権利は遺留分権利者に帰属する。遺贈・贈与が履行済の場合、受益者は目的物の返還義務を負う。なお、

（1）受贈者は、その返還すべき財産のほか、減殺の請求があった日以後の果実を返還しなければならない（受贈者による果実の返還、同1036

条）。

（2）減殺を受けるべき受贈者の無資力によって生じた損失は、遺留分権利者の負担に帰する（受贈者の無資力による損失の負担、同 1037 条）。

（3）不相当な対価をもってした有償行為は、当事者双方が遺留分権利者に損害を加えることを知ってしたものに限り、これを贈与とみなす。この場合において、遺留分権利者がその減殺を請求するときは、その対価を償還しなければならない（不相当な対価による有償行為、同 1039 条）。

（4）減殺を受けるべき受贈者が贈与の目的を他人に譲り渡したときは、遺留分権利者にその価額を弁償しなければならない。ただし、譲受人が譲渡の時において遺留分権利者に損害を加えることを知っていたときは、遺留分権利者は、これに対しても減殺を請求することができる。受贈者が贈与の目的につき権利を設定した場合について準用する（受贈者が贈与の目的を譲渡した場合等、同 1040 条）。

（5）受贈者及び受遺者は、減殺を受けるべき限度において、贈与又は遺贈の目的の価額を遺留分権利者に弁償して返還の義務を免れることができる（遺留分権利者に対する価額による弁償、同 1041 条 1 項）。

## 5　減殺請求権の短期消滅事由（同 1042 条）

減殺の請求権は、遺留分権利者が、相続の開始及び減殺すべき贈与又は遺贈があったことを知った時から 1 年間行使しないときは、時効によって消滅する。

相続開始の時から 10 年を経過したときも、同様とする。

## 6　法制審議会における検討

現在、遺留分制度に関しては、遺留分権利者の権利行使によって、遺贈又は贈与の目的物について当然に共有状態（物権的効果）が生ずることとされている現行の規律を改め、遺留分権利者の権利行使により、原則として金銭債権が発生することとする（中間試案）方向で審議がなされている。

# 第 10 章　ストーカー規制法とＤＶ防止法の話

　警察庁「平成 27 年におけるストーカー事案及び配偶者からの暴力事案等の対応状況について」によると、ストーカー事案の相談等状況は、ストーカー規制法施行の平成 12 年 2,280 件であったものが翌年 14,662 件に急増し、その後同水準で推移し、平成 24 年以降 2 万件を超え、同 27 年は 21,968 件（前年比−855 件，−3.7％）であった。他方、ストーカー事案の検挙状況は、刑法・特別法の適用による検挙は 1,872 件で前年比−45 件，−2.3％で減少したが、ストーカー規制法違反検挙は 677 件（前年比＋64 件，＋10.4％）で増加した。

　ストーカー行為者の性別は女性が 11.1％と圧倒的に少ないが、これはあくまで警察庁に"被害者が相談"したケースのみの数字であり、実際にはストーカー加害者は男女半分の比率であるといわれている。男性の場合、被害を相談しない、届け出ないことが多い。

　被害者の年齢は 20 歳代（35.1％）が最も多く、30 歳代（26.5％）、40 歳代（18.9％）、10 歳代（9.5％）、50 歳代（7.1％）、60 歳代（2.6％）、70 歳以上（1％）と続き、他方、加害者の年齢は 30 歳代（23.5％）を筆頭に、40

歳代（20.7%）、20 歳代（18.6%）、50 歳代（10.3%）、60 歳代（6.9%）、10歳代（3.9%）、70 歳以上（2.8%）、年齢不詳も 13.3%あった。

## 第1　ストーカー行為等の規制等に関する法律

### 1　ストーカー規制法すべてはここから始まった

#### （1）ストーカー規制法の成立

　ストーカー行為すなわち「つきまとい等」とは、ストーカー行為等の規制等に関する法律の上では、特定の者に対する恋愛感情その他の好意の感情又はそれが満たされなかったことに対する怨恨の感情を充足する目的で、当該特定の者又はその配偶者、直系若しくは同居の親族その他当該特定の者と社会生活において密接な関係を有する者に対する一連の行為（後記）とされている。このような行為はかなり前からあったものであるが、法規制がなされたのはごく最近のことであり、桶川ストーカー殺人事件を契機とする。

　米国では 1980 年代からストーカー行為が問題視されはじめ、1990 年代法規制がはじまっているが、米国や英国においてストーカーは嫌がらせ行為に対する規制の一つとされているのに対して、日本国では恋愛に関わる感情に制限されているところに特色がある（福井裕揮『ストーカー病』（光文社、2013）82 頁以下参照）。そのため、ストーカー規制法の網にかからない嫌がらせ等は、迷惑防止条例等による規制を検討することになる。

　≪桶川ストーカー殺人事件≫

　1999（平 11）年 10 月 26 日午後 0 時 55 分頃、埼玉県桶川市ＪＲ高崎線桶川駅前で、上尾市在住の女子大生・Ｓさん（21 歳）が元交際相手Ｋ（元風俗店経営）から依頼された男に刃物で左胸と脇腹を刺され、まもなく出血多量で死亡した。

　事件前、ＳさんはＫと別れ話をするが、ＫはＳさんの家族全員に危害を加えることをほのめかし脅迫して交際継続を強要した。挙句、ＫとＫの実兄、知人の 3 人でＳさん宅に押しかけ、でっち上げ話で金銭を要求

した。この様子をこっそり録音していた S さんは翌日上尾署にテープを持参して相談にするが、対応した署員は「民事ギリギリだね」、「これは事件にはならない」として対応しなかった。その後も嫌がらせが続き、上尾署に相談にするが「プレゼントをもらっている……」、「これは男女の問題だから立ち入れない」と対応しなかった。S さんの自宅や学校、父親の勤務先に数百枚もの事実無根の中傷ビラが撒かれ、改めて名誉毀損で告訴したが署員は対応せず、その後、父親の勤務先に 800 枚もの誹謗中傷の手紙が届くが、上尾署員が S さん宅に訪れ、対応した母親に「告訴を取り下げてくれませんか」、「告訴は犯人が捕まってからでも簡単に出すことができます」と嘘をつき、告訴の取下げを要請したが、母は告訴の取下げを拒んだ。しかし告訴は既に上尾署員によって被害届に改ざんされていた[1]。

　K 首謀による殺人とされているが、K は 2001 年 1 月に自殺した。事件後、上尾署に設置された捜査本部は記者会見を開き、報道陣を前に捜査一課長代理は半笑いで事件の概要を説明。さらに、事件当日の S さんの服装等を「バックはプラダ」「時計はグッチ」などと意図的に説明をしたうえ、マスコミ各社にブランド嗜好の派手な女性といった印象の報道がなされたため、「ブランド依存症の女性」「キャバクラ嬢」「風俗嬢だった……」などとデマまで流れ、殺害に至った経緯には S さんにも問題があったかのように報道された。

（2）ストーカー規制法以前の対応

　ストーカー規制法のなかった時代、民事不介入の原則から警察は、男女間のトラブルを事件として取り扱おうとしない傾向が顕著であった。そのため被害者は民事手続等を駆使して、対応していた。

≪市川猿之助ストーカー事件≫大阪地裁平成 10 年 6 月 29 日平成 8 年（ワ）第 10940 号損害賠償等請求事件

　〈事実の要旨〉　本件は、歌舞伎役者である原告（E）が、被告（S）に対し、歌舞伎を演じる権利等を著しく侵害されたとして、人格権に基

---

1　被害届を改竄した警察官は虚偽有印公文書作成、同行使罪により起訴・有罪判決（浦和地判平成 12 年 9 月 7 日）が下されている。

づき、Eが出演する劇場への立入禁止、Eの身辺へのつきまといの禁止、名誉毀損等の言動の禁止及び不法行為による損害賠償請求権に基づき、慰謝料300万円の支払を求めた事件である。

〈事実のあらまし〉　Sは、平成4年2月延岡で行われたEの歌舞伎公演に突然姿を現し、以後、Eの歌舞伎座公演を連日連夜にわたって観劇し、Eにつきまとうようになった。Sは、必ず劇場の一番前の席に陣取り、派手な目立つ着物を着て観劇し、他の客が笑ったり手を叩いたりする場面でも、一人だけ笑ったり手を叩いたりすることなく、Eをただじっと能面のような表情で見ていた。

また、Sは、劇場の隣の席の人や公演の休憩中のロビーにいる人等に対して、「自分は、猿之助に言われて芝居を見に来ている。猿之助に言われて前の席で見ている。遊びに来ているのではないから、猿之助の顔をじっと見ていればいいと言われている。」「私は、猿之助の婚約者で、近々発表して結婚する。」などと虚偽の事実を言いふらした。そのため、Sの話しを信じた沢山のファンから、「おもだか会」の役員に対し、その真偽の問い合わせが来るようになった。

そのころ、Eは、マネージャーをしているYから、Sのこのような異常な言動を聞いた。舞台から、Sが、何時も派手な目立つ着物を着て、他の客が笑ったり手を叩いたりする場面でも、一人だけ笑ったり、手を叩いたりすることなく、ただ能面のような表情で観劇しているのを見て、段々恐怖心を抱くようになり、舞台に神経を集中することの妨げとなった。

そこで、Yは、平成6年3月の大阪新歌舞伎座公演、同年5月の名古屋中日劇場公演、同年10月の東京歌舞伎座公演、平成7年1月の東京歌舞伎座と浅草公会堂の掛け持ち公演、同年6月の名古屋中日劇場公演及び同年7月の東京歌舞伎座公演の観劇に来たSに対し、Eにつきまとわないように話したが、Sは、支離滅裂な答弁に終始し、話し合いにならなかった。その間の平成6年10月の東京歌舞伎座の公演中、Eは、銀座東急ホテルに宿泊していたが、Sが、同ホテルのフロントに来て、Eの隣に部屋をとって欲しい旨依頼してきたと聞いて、恐怖心を抱き、舞台

の月半ばで他のホテルに移った。そのため、Ｙは、Ｓの兄に対しても、ＳがＥにつきまとわないよう説得して欲しい旨依頼したが、その効果はなく、その後も、Ｓは、相変わらず、Ｅの公演先に来て、異常な態度で観劇を続け、Ｅと同じホテルに宿泊したり、同じ電車に乗車したりするなどしてＥにつきまとった。

　その後も、Ｙは、観劇に来たＳと話し合いの機会をもったが、進展はなかった。

　Ｙは、平成 7 年 11 月 24 日にも、福岡県の歌舞伎の公演に際して、Ｓと話し合ったが、以前と同様、話し合いにならなかった。右話合いが終了後、Ｓは、無理矢理楽屋を訪れた。居合わせたＦに対し、所持していた傘を振り上げたが、その場にいた人達に制止された。その際、たまたま通りかかったＥが、Ｓに対し、「私はあなたに大変迷惑している。つきまとわないで欲しい。」などと言ったところ、Ｓは、激高して、Ｅに対しても傘を振り上げたが、Ｙらに制止されたため、その場は収まった。

　Ｅは、Ｓの以上のような言動により、精神的に非常な衝撃を受け、Ｓに対し、更に恐怖心を抱くようになり、Ｓによる危害の発生を未然に防止する等の目的から、平成 7 年 11 月 27 日大阪地方裁判所に対し、観劇禁止等の仮処分を申請し、同年 12 月 8 日、「ＳはＥに対し、Ｅが出演する劇場へ立ち入ってはならない。Ｓは、右以外の場所においてもＥの身辺につきまとってはならない。Ｓは、Ｅの支持者等の第三者に対し、Ｅの名誉や信用を毀損したり、業務を妨害する言動に及んではならない。」旨の仮処分決定を得た。

　しかし、Ｓは、右仮処分決定を無視して、平成 7 年 12 月の京都南座公演の観劇に来たため、Ｙらは、右劇場の支配人に依頼して交番に連絡し、警察官に同劇場からＳを退去させてもらった。その際、Ｓは、興奮し、「私には仮処分は関係がない。」「Ｅに呼ばれて来ている。」などと大声で叫んで抵抗した。さらにＳは、平成 7 年 12 月 14 日「おもだか会」の事務所を訪れ、事務員に対し、仮処分に対する不満を述べ、退去要請に応じることなく、長時間にわたって大声で叫び続けて仕事を妨害した。

　また、平成 8 年 8 月 31 日タイ国王即位 50 周年事業の一環として、バ

ンコクのタイ・カルチャーセンター・メインホールにおいて、Ｅの歌舞伎公演が行われた。Ｓは、Ｅと同じ航空機でタイを訪れ、右歌舞伎公演を観劇し、Ｅと同じホテルに宿泊した。そのため、Ｅの同行者は、不測の事態が発生するのを防止するため、ホテルに依頼して、Ｓの部屋をＥの部屋から遠く離してもらったり、ガードマンらにＳを監視させ、更に他の公演関係者にもＳの行動に注意するよう依頼したりするなどして、右公演を無事終了させたが、Ｓは、その後の平成8年10月の国立劇場におけるＥの歌舞伎公演にも観劇に訪れた。

〈裁判所が下した判決要旨〉

1　Ｓは、Ｅが出演する劇場に立ち入ってはならない。

2　Ｓは、Ｅの所在地から半径 200 メートル以内の近隣を徘徊して、Ｅの身辺につきまとってはならない。

3　Ｓは、Ｅの支持者等の第三者に対し、Ｅの名誉や信用を既存したり、業務を妨害する言動に及んではならない。

4　Ｓは、Ｅに対し、金 50 万円及びこれに対する平成 8 年 12 月 1 日から支払済みまで年 5 分の割合による金員を支払え。

2　ストーカー行為とは──法的規制の対象

（1）ストーカー規制法は、自身の目的を、「ストーカー行為を処罰する等ストーカー行為等について必要な規制を行うとともに、その相手方に対する援助の措置等を定めることにより、個人の身体、自由及び名誉に対する危害の発生を防止し、あわせて国民の生活の安全と平穏に資すること」（ストーカー1 条）とする。

（2）同規制法は、「つきまとい等」とは、特定の者に対する恋愛感情その他の好意の感情又はそれが満たされなかったことに対する怨恨の感情を充足する目的で、当該特定の者又はその配偶者、直系若しくは同居の親族その他当該特定の者と社会生活において密接な関係を有する者に対する、次のアからオの行為を、「同一の者に対し」、「反復して」することとしている（同 2 条）。

なお、同一の者に対し、つきまとい等を反復してすることとは、つき

まとい等行為のうち、いずれかの行為を反復する行為をいい、特定の行為を反復する場合に限らない（最決平 17・11・25 刑集 59-9-1819）。

　アからエの行為は、身体の安全、住居等の平穏若しくは名誉が害され、又は行動の自由が著しく害される不安を覚えさせるような方法により行われる場合に限られている。

　ア　「つきまとい」、「待ち伏せ」し、進路に「立ちふさがり」、住居、勤務先、学校その他その通常所在する場所（以下「住居等」という。）の付近において「見張り」をし、又は住居等に「押し掛ける」こと。

　（ａ）ここにいう「待ち伏せ」とは、特定の場所において隠れて待つ必要はなく、相手方が予期せぬ場所や状況の下でなされる必要もないが、他方で、相手方に対して話しかける、あるいは自己の姿を見せるなどして、自らの気持ちを伝える意思ないし目的があることが必要である（東京高判平 24・5・24 高裁刑事裁判速報集平成 24-126）。

　（ｂ）相手方の住居付近で行われた相手方が在宅しているか否か、転居しているか否か等その動静を観察する行為は、短時間であっても「見張り」になる（東京高判平 24・1・18 高裁刑事裁判速報集平成 24-45）。

　（ｃ）相手方が拒絶し、又は拒絶することが予想されるのに、その居住する集合住宅の相手方付近通路に立ち入った行為は、相手方に自己の存在を知らせないようなものであっても、「押し掛ける」行為に該当する（東京高判平 24・1・18 高裁刑事裁判速報集平成 24-45）。

　イ　その行動を監視していると思わせるような事項を告げ、又はその知り得る状態に置くこと。

　ウ　面会、交際その他の義務のないことを行うことを要求すること。

　エ　著しく粗野又は乱暴な言動をすること。

　刑法のいう暴行脅迫に当たらないものも含まれ、その程度の基準として「一般人から見て放置できない程度に強度」である場合や、「場所柄をわきまえない相当礼儀を守らないぶしつけな言動又は動作」も含まれる（2009 年の警察庁生活安全局長の通達）。

　オ　電話をかけて何も告げず、又は拒まれたにもかかわらず、連続して、「電話をかけ」、「ファクシミリ装置を用いて送信」し、若しくは「電

子メールを送信」すること。

（ａ）「電子メール」は、「逗子ストーカー事件」をきっかけに法改正（追加）され2017年1月3日から施行されている。この事件は、度重なるストーカー被害の末に、2012年11月6日に神奈川県逗子市でのアパート1階居間で女性Ｆ（当時33歳）が元交際相手Ｍ（当時40歳）に刃物で刺殺された殺人事件。同日、Ｍは同じアパートの2階の出窓にひもをかけ、首吊り自殺。2人は04年頃交際開始、06年4月頃Ｍの納得を得ないままＦから別れた。Ｆは08年夏にＭとの交際を清算しきれていない状態で別の男性と結婚し逗子市に転居、Ｆが新婚生活を度々ＦＢに投稿していたことからＭから1日に80通から100通の嫌がらせメールや「刺し殺す」など脅迫メールを送信。Ｆはその旨を警察に相談し、同年6月に脅迫罪容疑でＭが逮捕され、同年9月に懲役1年・執行猶予3年の有罪判決が確定。同年7月にはストーカー規制法に基づく警告が出され、同年9月にはＦの家に防犯カメラが設置。12年3月下旬から4月上旬にかけて、Ｆには計1089通の嫌がらせメールがＭから送りつけられた。

（ｂ）なお、東京高判平15・3・26（東京高裁判決時報刑事54-1〜12-18）は、既に法改正以前、携帯電話機に電子メールを送信したり，勤務先の受付電話機等に連続して電話をかけるなどの行為は、ストーカー規制法の処罰の対象になるとしていた。

（ｃ）被害者が着信拒否設定をしている携帯電話に電話をかけ続ける行為は、携帯電話には着信履歴が残るので、被害者が加害者からの電話があったことを知り得る以上、被害者が着信音を聞いていたか、バイブレーターを設置していたがたまたま気付かなかったか、着信拒否にしていたか、たまたま携帯電話を所持していなかったかなどの偶発的事情で犯罪の成否が左右されるのは不合理である上、被害者が不安感を抱くおそれがあるためストーカー規制法上の「電話をかける」行為に該当する（東京高判平15・3・5判時1860-154）。

　　カ　汚物、動物の死体その他の著しく不快又は嫌悪の情を催させるような物を送付し、又はその知り得る状態に置くこと。

　　キ　その名誉を害する事項を告げ、又はその知り得る状態に置くこと。

　ク　その性的羞恥心を害する事項を告げ若しくはその知り得る状態に置き、又はその性的羞恥心を害する文書、図画その他の物を送付し若しくはその知り得る状態に置くこと。

　　郵送に限らず、口頭や電話によるかかる告知も含まれる。

## 3　つきまとい等行為の行政規制

### （1）警告（ストーカー4条）

　警視総監若しくは道府県警察本部長又は警察署長（以下、「警察本部長等」という。）は、つきまとい等をされたとして当該つきまとい等に係る警告を求める旨の申出を受けた場合において、当該申出に係る違法行為があり、かつ、当該行為をした者が更に反復して当該行為をするおそれがあると認めるときは、当該行為をした者に対し、国家公安委員会規則で定めるところにより、更に反復して当該行為をしてはならない旨を警告することができる。

　なお、警察本部長等は、警告をしたときは、速やかに、当該警告の内容及び日時を、警告を求める申出をした者に通知しなければならない。警告をしなかったときは、速やかに、その旨及びその理由を、警告を申し出た者に書面により通知しなければならない。

### （2）禁止命令等（同5条）

　公安委員会は、警告を受けた者が当該警告に従わずに当該警告に係るつきまとい等をして不安を覚えさせる行為（同3条）をした場合において、当該行為をした者が更に反復して当該行為をするおそれがあると認めるときは、当該警告に係る警告を求める申出をした者の申出により、又は職権で、当該行為をした者に対し、聴聞を経て、国家公安委員会規則で定めるところにより、

　　（ａ）更に反復して当該行為をしてはならないこと、及び、

　　（ｂ）更に反復して当該行為が行われることを防止するために必要な事項を命ずることができる。

### （3）仮の命令（同6条）

　警察本部長等は、警告の申出を受けた場合において、当該申出に係る

つきまとい等をして不安を覚えさせる行為があり、かつ、当該行為をした者が更に反復して当該行為をするおそれがあると認めるとともに、当該申出をした者の身体の安全、住居等の平穏若しくは名誉が害され、又は行動の自由が著しく害されることを防止するために緊急の必要があると認めるときは、当該行為をした者に対し、行政手続法第13条第1項（不利益処分をしようとする場合の手続）の規定にかかわらず、聴聞又は弁明の機会の付与を行わないで、国家公安委員会規則で定めるところにより、更に反復して当該行為をしてはならない旨を命ずることができる。

（4）警察本部長等の援助等（同7条）

　警察本部長等は、ストーカー行為又はつきまとい等をして不安を覚えさせる行為（「ストーカー行為等」という。）の相手方から当該ストーカー行為等に係る被害を自ら防止するための援助を受けたい旨の申出があり、その申出を相当と認めるときは、当該相手方に対し、当該ストーカー行為等に係る被害を自ら防止するための措置の教示その他国家公安委員会規則で定める必要な援助を行うものとする。

警察本部長等は、この援助を行うに当たっては、関係行政機関又は関係のある公私の団体と緊密な連携を図るよう努めなければならない。

（5）国、地方公共団体、関係事業者等の支援等（同8条）

　国及び地方公共団体は、ストーカー行為等の防止に関する啓発及び知識の普及、ストーカー行為等の相手方に対する婦人相談所その他適切な施設による支援並びにストーカー行為等の防止に関する活動等を行っている民間の自主的な組織活動の支援に努めなければならない。

　国及び地方公共団体は、前項の支援等を図るため、必要な体制の整備、民間の自主的な組織活動の支援に係る施策を実施するために必要な財政上の措置その他必要な措置を講ずるよう努めなければならない。

　ストーカー行為等に係る役務の提供を行った関係事業者は、当該ストーカー行為等の相手方からの求めに応じて、当該ストーカー行為等が行われることを防止するための措置を講ずること等に努めるものとする。

　ストーカー行為等が行われている場合には、当該ストーカー行為等が

行われている地域の住民は、当該ストーカー行為等の相手方に対する援助に努めるものとする。

4　違反者の処罰

（1）ストーカー行為をした者は、6 月以下の懲役又は 50 万円以下の罰金に処する（同 13 条）。本罪は親告罪である。

（2）禁止命令等（同 5 条 1 項 1 号に係るものに限る。）（前記 3（2）（a）参照）に違反してストーカー行為をした者は、1 年以下の懲役又は 100 万円以下の罰金に処する。そのほか禁止命令等に違反してつきまとい等をすることにより、ストーカー行為をした者も同様である。懲役刑の上限は、2017 年 1 月から引き上げられている。

（3）前記（2）のほか、禁止命令等に違反した者は、50 万円以下の罰金に処する（同 15 条）。

5　その他、注目されたストーカー事件

（1）新橋耳かき店員ストーカー殺人事件（東京地判平 22・11・1 平成 21 年（合わ）第 345 号）

　2009 年 8 月 3 日、耳かき店の従業員（A）から、被告人の来店を拒否されたことなどから、A に対する殺意を抱き、A の自宅に侵入し、A の祖母 B を殺害した後、A の頸部等を数回突き刺すなどして、約 1 か月後に A を死亡させた事案

（2）石巻少年ストーカー事件（最判平 28・6・24 平成 26(あ)452 号傷害、殺人、殺人未遂、未成年者略取、銃砲刀剣類 所持等取締法違反被告事件）

　2010 年 2 月 4・5 日、当時 18 歳（A）が、元交際相手である被害者（B）に暴行を加えて傷害を負わせたほか、A から B を引き離して守ろうとした同人の姉らを、それぞれ殺意をもって、牛刀で突き刺し、B 姉らを殺害し又は殺害の目的を遂げなかった事案

（3）長崎県西海市ストーカー女性殺害事件（最判平 28・7・21 平成 26 年（あ）第 1160 号住居侵入、殺人、窃盗、傷害、脅迫被告事件）

　2011 年 12 月 16 日、同棲していた交際女性（B）に暴力を振るってけ

がをさせ、Bが家族等によって助け出されると、Bの職場関係者、友人、家族らに多数の脅迫メールを7名に送信し、Bの祖母方に侵入して帰宅した祖母を出刃包丁で数回突き刺し殺害し、引き続いてBの父方に進入してBの母を出刃包丁で多数回突き刺して失血死させて殺害し、祖母と母の財布を盗んだ事案

（4）三鷹市女子高生ストーカー殺人事件（東京地判立川支部（差戻第一審）平28・3・15平成27年（わ）第253号、平成27年（わ）第888号・控訴）＊差戻審は被告人に懲役22年の刑を言渡し、検察官、被告人双方が控訴したが、東京高裁は、平成29年1月24日、控訴棄却を言渡し、翌月8日この判決は確定した。

2013年10月8日、三鷹市で、女子高校生（当時18歳）を刃物で刺して殺害したとして、元交際相手の被告人が、殺人や銃砲刀剣類所持等取締法違反などの罪に問われた事案（リベンジポルノに関するストーカー殺人事件）

（5）女子大生アイドル歌手ストーカー殺人未遂事件

2016年5月21日、女子大生アイドルとして活動するシンガーソングライターがファンとの交流イベントのためライブ会場へ向かっていたところ、元ファンである男が襲撃した事案

## 第2　ＤＶ防止法

1　「配偶者からの暴力の防止及び被害者の保護等に関する法律」の概要（平成13年4月13日法律第31号）

（1）ＤＶ防止法

ＤＶ防止法の正式名称は「配偶者からの暴力の防止及び被害者の保護等に関する法律」であり、2001年議員立法として成立した。ＤＶ防止法の対象は当初、事実婚を含む配偶者と元配偶者に限っていたが、2013年から、「生活の本拠を共にする交際をする関係にある相手方からの暴力」にも準用する改正を行い、法名も「保護（等）」という等を加える改正を行った。

## （2）ＤＶ防止法の目的（ＤＶ防止法前文抜粋）

　……配偶者からの暴力は、犯罪となる行為をも含む重大な人権侵害であるにもかかわらず、被害者の救済が必ずしも十分に行われてこなかった。また、配偶者からの暴力の被害者は、多くの場合女性であり、経済的自立が困難である女性に対して配偶者が暴力を加えることは、個人の尊厳を害し、男女平等の実現の妨げとなっている。このような状況を改善し、人権の擁護と男女平等の実現を図るためには、配偶者からの暴力を防止し、被害者を保護するための施策を講ずることが必要である。このことは、女性に対する暴力を根絶しようと努めている国際社会における取組にも沿う……ここに、配偶者からの暴力に係る通報、相談、保護、自立支援等の体制を整備することにより、配偶者からの暴力の防止及び被害者の保護を図るため、この法律を制定する。

## （3）保護命令の手続

　ア　裁判所において保護命令の決定を得るには、まず、各都道府県が婦人相談所その他の適切な施設において設置する配偶者暴力相談支援センターや警察署(生活安全課等)に DV 相談しなければならない。保護命令の申立書（後記）には、これらの相談機関へ赴いて相手方からの暴力を受けたことなどについて相談した事実を記載しなければならず（配偶者暴力 12 条 1 項）、事前に相談をしていないときは、公証人役場において加害者から暴力を受けたことなどについての被害者の供述を記載し、その供述が真実であることを公証人の面前で宣誓して作成した宣誓供述書を保護命令の申立書に添付する必要がある（同条 2 項）。

　申立費用は 1,000 円（貼用印紙）、予納郵券は 1,410 円分（500 円×2、270 円×1．90 円×1、50 円×1）である。

　イ　配偶者からの身体に対する暴力又は生命等に対する脅迫を受けた被害者の相談件数はうなぎのぼりで、配偶者暴力防止法施行の平成 13 年は 3,608 件であったのに対して、平成 27 年は約 18 倍強の 63,141 件に及んだ。平成 27 年度に見る被害者の年齢は 30 歳代（29.5%）が最も多く、40 歳代（25.1%）、20 歳代（22.6%）、50 歳代（9.5%）、60 歳代（6.1%）、70 歳代以上（5.1%）、10 歳代（2%）と続き、他方、加害者の年齢は 30 歳

代（28.8%）、40 歳代（26.6%）、20 歳代（18.3%）、50 歳代（11.1%）、60 歳代（7.4%）、70 歳代（6.3%）、10 歳代（1.2%）であった。加害者の性別は男性88%、女性12%、被害者と加害者の関係は婚姻関係（68.2%）が最も多く、生活の本拠をともにする交際をする関係（12.4%）、内縁関係（8.2%）、生活の本拠をともにする交際をする関係解消後（2.2%）、内縁関係解消後（0.8%）と続く（以上、警察庁・前記「対応状況について」参照）。

ウ　警察署(生活安全課等)における DV 相談の際、もちろん被害者は、暴行罪、傷害罪、脅迫罪、器物損壊罪（親告罪）、住居侵入罪、ストーカー行為罪（親告罪）、保護命令違反罪などで被害届を提出したり、刑事告訴したりすることもできる。

また、ストーカー規制法に基づく警告書による警告を求めることもできる。

エ　相談を経た被害者は、相手方の住所地（同 11 条 1 項）、申立人の住所地・居住地（同条 2 項 1 号）、ＤＶが行われた地を管轄する地方裁判所に保護命令の申立（同条 2 項 2 号）を行う（毎年 2,000 件から 2,500 件程度の申立がなされている）。ひな型（後記記載例参照）は、裁判所に用意されているので、必要事項を記載し、必要書類を添え、費用を支払うことによる。申立書には申立人の現住所を記載する必要はなく、住民票記載の住所を記載すればよい。

保護命令の決定を受けるためには、裁判所の審尋等を受けなければならず、事前に、裁判所の審尋期日を電話等で予約すると速やかに手続きが進む。次に裁判所は相手方（加害者）に申立書を送達し、呼び出して審尋する。法は、「保護命令は、口頭弁論又は相手方が立ち会うことができる審尋の期日を経なければ、これを発することができない」とする一方で、「その期日を経ることにより保護命令の申立ての目的を達することができない事情があるときは、この限りでない」としているが（同 14 条）、実際には、口頭弁論は開かれず、相手方が立ち会うことはほとんどない。

裁判所は、保護命令の申立てに係る事件については、速やかに裁判をするものとされており（同 13 条）、申立から裁判所の保護命令が発令さ

れるまで 10 日から 2 週間程度で処理されている。

　オ　保護命令の申立てについての決定には、理由を付さなければならないが、口頭弁論を経ないで決定をする場合には、理由の要旨を示せば足りるため（同 15 条）、実際には後者の扱いがほとんどである。

　保護命令が認容率はおおよそ 8 割である。保護命令に値しない場合には却下されるが、取り下げられる場合も多い。裁判所の申立人に対する配慮で、却下せざるを得ない場合には、取下げを勧めるのである。

　カ　保護命令は、相手方に対する決定書の送達又は相手方が出頭した口頭弁論若しくは審尋の期日における言渡しによって、その効力を生ずるが（同 15 条 2 項）、保護命令は執行力を有しない（同 15 条 5 項）。保護命令の申立てについての裁判に対しては、即時抗告をすることができるが、保護命令の効力に影響を及ぼさない（同 16 条 1・2 項）。

　キ　保護命令を発したときは、裁判所書記官は、速やかにその旨及びその内容を申立人の住所又は居所を管轄する警視総監又は道府県警察本部長に通知する（同 15 条 3 項）。

　保護命令を発した場合において、申立人が配偶者暴力相談支援センターの職員に対し相談し、又は援助若しくは保護を求めた事実があり、かつ、申立書に当該事実に係る、①当該配偶者暴力相談支援センター又は当該警察職員の所属官署の名称、②相談し、又は援助若しくは保護を求めた日時及び場所、③相談又は求めた援助若しくは保護の内容、④相談又は申立人の求めに対して執られた措置の内容（同 12 条第 1 項第 5 号イからニ）の事項の記載があるときは、裁判所書記官は、速やかに、保護命令を発した旨及びその内容を、当該申立書に名称が記載された配偶者暴力相談支援センターの長に通知する（同 15 条 4 項）。

（4）配偶者からの暴力

　ア　「配偶者からの暴力」とは、配偶者からの身体に対する暴力（身体に対する不法な攻撃であって生命又は身体に危害を及ぼすものをいう。）又はこれに準ずる心身に有害な影響を及ぼす言動をいい、配偶者からの身体に対する暴力等を受けた後に、その者が離婚をし、又はその婚姻が取り消された場合にあっては、当該配偶者であった者から引き続き

受ける身体に対する暴力等を含む（同1条1項）。

　イ　手拳を顔面すれすれのところで止める「寸止め行為」を繰り返し受けたことにより、心的外傷後ストレス障害（PTSD）となるなど、直接的な身体的暴力がなくても、暴力に該当する（静岡地判平14・7・19判タ1134-243）。また、実際の申立書においては、言葉による暴力が挙げられる場合も多い。

（5）被　害　者

　「被害者」とは、配偶者からの暴力を受けた者をいい（同条2項）、「配偶者」には、婚姻の届出をしていないが事実上婚姻関係と同様の事情にある者を含み、「離婚」には、婚姻の届出をしていないが事実上婚姻関係と同様の事情にあった者が（内縁・事実婚）、事実上離婚したと同様の事情に入ることを含む（同条3項）。

　また、「生活の本拠を共にする交際」（婚姻関係における共同生活に類する共同生活を営んでいないものを除く。）をする関係にある相手からの暴力（当該関係にある相手からの身体に対する暴力等をいい、当該関係にある相手からの身体に対する暴力等を受けた後に、その者が当該関係を解消した場合にあっては、当該関係にあった者から引き続き受ける身体に対する暴力等を含む。）及び当該暴力を受けた者についても準用する（同28条の2）。「生活の本拠を共にする交際」とは、簡潔に言えば婚約・同棲に至る交際関係を指す。

2　配偶者暴力等に関する保護命令

（1）被害者[2]が、配偶者からの身体に対する暴力を受けた者である場合にあっては配偶者からの更なる身体に対する暴力[3]により、配偶者からの生命等に対する脅迫を受けた者である場合にあっては配偶者から受ける

---

[2]　配偶者からの身体に対する暴力又は生命等に対する脅迫（被害者の生命又は身体に対し害を加える旨を告知してする脅迫をいう。以下この章において同じ。）を受けた者に限る。以下この章において同じ。

[3]　配偶者からの身体に対する暴力を受けた後に、被害者が離婚をし、又はその婚姻が取り消された場合にあっては、当該配偶者であった者から引き続き受ける身体に対する暴力。第12条第1項第2号において同じ。

身体に対する暴力[4]により、その生命又は身体に重大な危害を受けるおそれが大きいときは、裁判所は、被害者の申立てにより、その生命又は身体に危害が加えられることを防止するため、当該配偶者[5]に対し、次に掲げるア及びイを命ずる（同 10 条 1 項）。

　なお、保護命令の発令要件については、単に将来、暴力を振るうおそれがあるというだけでは足りず、従前配偶者が暴力を振るった頻度、暴力の態様及び被害者に与えた傷害の程度等の諸事情から判断して、配偶者が被害者に対して更に暴力を振るって生命又は身体に重大な危害を与える危険性が高い場合を言う（東京高決平 14・3・29 判時 1791-79）。

　ア　命令の効力が生じた日から起算して 6 月間、被害者の住居（当該配偶者と共に生活の本拠としている住居を除く。）その他の場所において被害者の身辺につきまとい、又は被害者の住居、勤務先その他その通常所在する場所の付近をはいかいしてはならないこと（同項 1 号）。

　イ　命令の効力が生じた日から起算して 2 月間、被害者と共に生活の本拠としている住居から退去すること及び当該住居の付近をはいかいしてはならないこと（同項 2 号）。ただし、申立の時において被害者及び当該配偶者が生活の本拠を共にする場合に限る（同条 1 項但書）。

（2）前記アによる命令を発する裁判所又は発した裁判所は、被害者の申立により、その生命又は身体に危害が加えられることを防止するため、当該配偶者に対し、命令の効力が生じた日以後、同号の規定による命令の効力が生じた日から起算して 6 月を経過する日までの間、被害者に対して次の各号に掲げるいずれの行為もしてはならないことを命ずる（同 10 条 2 項）。

　ア　面会を要求すること

　イ　その行動を監視していると思わせるような事項を告げ、又はその

---

4　配偶者からの生命等に対する脅迫を受けた後に、被害者が離婚をし、又はその婚姻が取り消された場合にあっては、当該配偶者であった者から引き続き受ける身体に対する暴力。同号において同じ。

5　配偶者からの身体に対する暴力又は生命等に対する脅迫を受けた後に、被害者が離婚をし、又はその婚姻が取り消された場合にあっては、当該配偶者であった者。以下この条、同項第 3 号及び第 4 号並びに第 18 条第 1 項において同じ。

知り得る状態に置くこと

　ウ　著しく粗野又は乱暴な言動をすること

　エ　電話をかけて何も告げず、又は緊急やむを得ない場合を除き、連続して、電話をかけ、ファクシミリ装置を用いて送信し、若しくは電子メールを送信すること

　オ　緊急やむを得ない場合を除き、午後10時から午前6時までの間に、電話をかけ、ファクシミリ装置を用いて送信し、又は電子メールを送信すること

　カ　汚物、動物の死体その他の著しく不快又は嫌悪の情を催させるような物を送付し、又はその知り得る状態に置くこと

　キ　その名誉を害する事項を告げ、又はその知り得る状態に置くこと

　ク　その性的羞恥心を害する事項を告げ、若しくはその知り得る状態に置き、又はその性的羞恥心を害する文書、図画その他の物を送付し、若しくはその知り得る状態に置くこと


＊配偶者暴力等に関する保護命令申立書（記載例）

---

貼用印紙
1,000円

配偶者暴力に関する保護命令申立書

東京裁判所　　第4民事部　　御中

平成**年**月**日<br>申立人代理人　辯護士　伊達信長

　　〒000-0000　埼玉県〇〇市花園町*****
　　申立人　　　　春　園　花　子
　　〒111-0000　仙台市青葉区********
　　　　　　　　　伊達信長法律事務所（送達場所）
　　　　　　　　　同訴訟代理人辯護士　　伊達信長
　　　　　　　　　電　話　022-*******　　ＦＡＸ　022-********
　　〒000-0000　埼玉県〇〇市海山町*****
　　相手方　　　　春　園　太　郎
（接見禁止を求める子の表示）

---

　学　園　一　郎（平成28年＊月6日生）（満2歳）
　学　園　次　郎（平成29年＊月5日生）（満1歳）

第1　申立ての趣旨
1（接近禁止命令）　相手方は、本決定の効力が生じた日から起算して
6か月間、申立人の住居（相手方と共に生活の本拠としている住居を除
く。以下同じ。）
　その他の場所において申立人の身辺につきまとい、又は申立人の住居、
勤務先その他その通常所在する場所の付近をはいかいしてはならない。
2（退去命令）　申立人が同居する住居から引越しをする準備等のため
に、相手方は、本決定の効力が生じた日から起算して2か月間、家から退
去し、かつ同期間その家の付近をうろつくことを禁止する。
3（電話等禁止命令）　相手方は、本決定の効力が生じた日以後、接近
禁止命令の効力が生じた日から起算して6か月を経過する日までの間、
申立人に対し、次に掲げるいずれの行為もしてはならない。
　＊以下、通常、前掲2記載事項が列記されるが、省略する。
　〜〜〜〜〜〜〜

4（子への接近禁止命令）　相手方は，本決定の効力が生じた日以後，
接近禁止命令の効力が生じた日から起算して6か月を経過する日までの
間、申立人の子（平成28年＊月6日生）の住居（申立人及び相手方と共に
生活の本拠としている住居を除く。以下同じ。）、就学する学校その他の
場所において当該子の身辺につきまとい、又は当該子の住居、就学する
学校その他その通常所在する場所の付近をはいかいしてはならない。[6]
5（申立費用）　申立費用は相手方の負担とする。
　との裁判を求める。
第2　申立ての理由
1　申立人と相手方との関係
（1）申立人は、平成1年＊月7日生の28歳で、相手方は、昭和59年
＊月30日生の32歳です。
（2）相手方と同居を始めたのは、平成24年＊月31日です。
（3）相手方との間には、長男一郎（平成28年＊月6日生）と二男次郎

---

[6]　相手方が申立人の実家など密接な関係にある親族等の住居に押し掛けて暴れるなどそ
　の親族等に関して申立人が相手方に会わざるを得なくなる状態を防ぐため必要があると
　認められるときに、6か月間、その親族等の身辺につきまとい、また住居（その親族等
　が相手方と同居する住居は除く。）や勤務先等の付近をうろつくことを禁止することもで
　きる。

（平成 29 年＊月 5 日生）がいます。

（4）申立人の職業は派遣社員です。

（5）申立人は、相手方から、平成 29 年 11 月＊日から避難し、別居しています。

（6）申立人と相手方との間には、下記の事件が係属しています。

○○家庭裁判所　平成 29 年（イ）第 36＊＊＊＊＊号

2　相手方から身体に対する暴力又は生命身体に対する脅迫を受けた状況

（1）平成 28 年 1 月 29 日午後 7 時頃、相手方が、食事がまずいと激高したため、申立人が子供をかばおうとしたところ、相手方はさらに激高し、椅子に座っていた子供を椅子ごとひっくり返した。申立人は自宅に拘束され、背中、後、脇、足など合計 38 か所を殴ったり蹴られたりした。そのため、すきを見て屋外に脱出し、110 番通報した。

（2）平成 28 年 2 月 15 日午前 10 時頃、自宅にて、男がいるだろうと平手で顔を殴られ、ライダーキックされた。

（3）＊＊＊＊＊＊＊＊＊＊＊＊＊

（4）＊＊＊＊＊＊＊＊＊＊

3　申立てを行うに当たり、下記のとおり配偶者暴力相談支援センターあるいは警察へ相談した。

（1）（a）○○警察　　　（b）平成 ＊＊年 ＊＊月＊＊ 日ころ

　（c）相談又は求めた援助若しくは保護の内容＊＊

　（d）相談又は申立人の求めに対して執られた措置の内容

　　　相手方に対して架電して呼び出し、付きまとい等しないよう注意した

（2）（a）県婦人センター（b）平成＊＊ 年＊＊ 月＊＊ 日ころ

　（c）相談又は求めた援助若しくは保護の内容　＊＊

　（d）相談又は申立人の求めに対して執られた措置の内容

　　　住居の提供

4　まとめ

　よって、申立ての趣旨のとおりの申立てをする。

添付書類

| | | |
|---|---|---|
| 1 | 申立書写し | 1 通 |
| 2 | 戸籍謄本・住民票 | 1 通 |
| 3 | 陳述書及び同写し | 1 通 |
| 4 | 暴力・脅迫を証明する写真、メール等 | 67 点 |

3　保護命令違反（罰則）

　保護命令に違反した者は、1 年以下の懲役又は 100 万円以下の罰金に処する（配偶者暴力 29 条）。平成 24 年以降、毎年約 100 名の保護命令違反の検挙者を数えている（警察庁・前記「対応状況について」）。

　また、民事上の損害賠償義務を負うことはいうまでもない。

## 第3　ＤＶ被害者等支援措置－ＤＶ防止を中心に

1　支援措置の概要と手続（総務省 HP 参照）

（1）配偶者からの暴力（DV）、ストーカー行為等、児童虐待及びこれらに準ずる行為の被害者については、市区町村に対して住民基本台帳事務における DV 等支援措置を申し出て、「DV 等支援対象者」となることにより、加害者からの「住民基本台帳の一部の写しの閲覧」、「住民票（除票を含む）の写し等の交付」、「戸籍の附（除票を含む）の写しの交付」の請求・申出があっても、これを制限する措置が講じられる。

（2）これらの者は、住民票のある市区町村や戸籍の附票のある市区町村等に「住民基本台帳事務における支援措置申出書」を提出するが、申出を受け付けた市区町村は、DV 等支援措置の必要性について、警察、配偶者暴力相談支援センター、児童相談所等の相談機関等の意見を聴き、又は裁判所の発行する保護命令決定書の写し若しくはストーカー規制法に基づく警告等実施書面等の提出を求め、必要性を確認した場合、その結果を申出人に連絡する（住民票のブロック制度）。DV 等支援措置の期間は、確認の結果を申出人に連絡した日から起算して 1 年である。

2　支援制度の問題点

（1）DV 防止法や支援措置は、しばしば離婚手続に先行して利用され、その目的は DV 等からの被害者の保護にあるが、被害者を称する申出人が実際に保護に値するとは限らず（保護命令の認容率はおおよそ 8 割）、子を奪い親権を奪取する手段として利用されることもある。支援を申し出ることのできる者は、いうまでもなく、（a）DV 防止法等の被害者であり、（b）さらなる身体的被害等を受けるおそれがある者である。支援措置

の必要性は、上述のように市区町村等が申出書に基づき、関係機関の意見を聞くことによるが、離婚手続の前提となる支援申出に関しては、申出人の関係機関への手続が先行し、警察や配偶者暴力相談センターにおける手続に加害者と位置付けられる者は十分な手続保障がなされているわけではない。保護命令が下されるか否かは、裁判所において前記（ａ）及び（ｂ）の存否が審判され、これが下されるまではグレーである。

（２）仮に保護命令の必要性が認められなかったとしても、支援措置が解除されるわけではなく、少なくとも支援措置期間１年を待たざるを得ない。子らの住居所が分からない以上、支援措置を求めた者の相手方は子との面会を諦めざるを得ない。

　支援措置が講じられると、保護命令が認められるか否かに拘らず、離婚手続が進められるのが通常であるが、住民票ブロックは解除されないため、子の争奪の争い（子の引渡し、監護者指定、面会交流等）が主要な争点になっている場合、ブロックに阻まれた当事者は、子との接触を長期間断たれることになる。また、離婚調停や監護者指定の調停・審判では、ブロックを講じた当事者の代理人らが恣意に期日を引き延ばすことも珍しくなく、裁判所もこれに寛容であることも否めないのが現実であろう。

　保護命令の制度や支援措置制度をいわば悪用する者は、（保護命令が認められない割合から推測すると）全体の１〜２割程度と思われるが、１割にしても決して少ない数ではない。夫婦間の争いに子が巻き込まれ、国の制度が悪用されているのである。

# 第 11 章　扶養と生活保護の話

　2012 年、5,000 万円の高額所得をえている芸能人が、役所からの母親の扶養義務の照会に対して「ノー」と回答していたため、生活保護が続けられた事例が報道された。しかし、この芸能人は、母親に、年間 60〜80 万円の仕送りをしていたというのだが……

## 第1　生　存　権

### 1　憲法 25 条

　日本国憲法第 25 条は「すべての国民は、健康で文化的な最低限度の生活を営む権利を有する」、「国はすべての生活部面について、社会福祉、社会保障及び公衆衛生の向上及び増進に努めなければならない」との理念を謳い、これにもとづき生活保護法が制定され、国民の生存権を保障する国の制度として機能している。
　「すべての国民は、健康で文化的な最低限度の生活を営む権利を有す

る」とは、個別的権利としての生存権規定であるが、「権利を有する」ということの意味については、定説があるわけではない。すなわち、

（1）これをプログラム規定と解して、「生存権は国家に対して政治的・道徳的義務（プログラム）を課しただけで、国民に具体的権利を与えたものではない」（我妻博士）とする立場である。すなわち日本国は資本主義国家であり、生存権の具体的権利の前提を欠き、生存権を実現するための財政政策は国の問題であるとする（プログラム規定説）。

（2）「健康で文化的な最低限度の生活を営む権利」は抽象的権利であり、この権利や義務が履行されなくても憲法25条に基づいてその違憲性を直接訴訟において請求することはできず、具体的な立法措置が執られその侵害が生じたときに救済を求め得るとする（抽象的権利説）。

（3）さらに、具体的立法がなされていなくても、国に対して「救済請求」を提起することができるとする見解が展開される（具体的権利説）。

（4）立法が存在しない段階で、不作為の違憲確認訴訟を求めることは、現行法上不可能であり、今日の通説は（2）説である。

## 2　生存権に関する裁判例
### （1）朝日訴訟最高裁判決（昭42・5・24民集21-5-1043）

〈事実の概要〉　　朝日さん（原告）は、10数年前からF療養所に単身の肺結核患者として入所し、厚生大臣の設定した生活扶助基準で定められた最高金額たる月600円の日用品費の生活扶助と現物による全部給付の給食付医療扶助とを受けていた。ところが、同人が実兄Gから扶養料として毎月1,500円の送金を受けるようになったために、津山市社会福祉事務所長は、月額600円の生活扶助を打ち切り、右送金額から日用品費を控除した残額900円を医療費の一部として上告人に負担させる旨の保護変更決定をした。同決定が岡山県知事に対する不服の申立および厚生大臣に対する不服の申立においても是認されるにいたったので、上告人は、厚生大臣を被告として、右600円の基準金額が生活保護法の規定する健康で文化的な最低限度の生活水準を維持するにたりない違法のものであると主張して、同大臣の不服申立却下裁決の取消を求める旨の

本件訴えを提起した。

　第 1 審東京地裁は、最低限度の生活水準は「それが人間として生活の最低限度という一線を有する以上理論的には特定の国における特定の時点においては一応客観的に決定すべきものであり、またしうる」として原告勝訴。

　第 2 審東京高裁は、本件の月額 600 円という保護基準は「すこぶる低額」ではあるけれども違法とまでは断定できないとして、東京地裁判決を取り消した。原告朝日さんは上告したが、その後死亡し、朝日さんの養子が相続人として引き継いだ。

　〈判　旨〉　「おもうに、生活保護法の規定に基づき要保護者または被保護者が国から生活保護を受けるのは、単なる国の恩恵ないし社会政策の実施に伴う反射的利益ではなく、法的権利であって、保護受給権とも称すべきものと解すべきである。しかし、この権利は、被保護者自身の最低限度の生活を維持するために当該個人に与えられた一身専属の権利であって、他にこれを譲渡し得ないし（59 条参照）、相続の対象ともなり得ないというべきである。また、被保護者の生存中の扶助ですでに遅滞にあるものの給付を求める権利についても、医療扶助の場合はもちろんのこと、金銭給付を内容とする生活扶助の場合でも、それは当該被保護者の最低限度の生活の需要を満たすことを目的とするものであって、法の予定する目的以外に流用することを許さないものであるから、当該被保護者の死亡によって当然消滅し、相続の対象となり得ない、と解するのが相当である。また、所論不当利得返還請求権は、保護受給権を前提としてはじめて成立するものであり、その保護受給権が右に述べたように一身専属の権利である以上、相続の対象となり得ないと解るのが相当である。」

（2）堀木訴訟最高裁判決（昭 57・7・7 民集 36-7-1235）

　原告は、全盲の視力障害者として国民年金法に基づく障害者福祉年金を受給していたが、夫と離婚後、次男を養育していた。そのため、1970 年 2 月、原告は県知事に対して、児童扶養手当法に基づく児童扶養手当の受給資格の認定を請求したが、知事側は、翌月これを却下。同年 5 月、

原告は、これについて異議を申し立てたが、知事側はその翌月、児童扶養手当法には他の公的年金を受給している者については児童扶養手当を支給しないと定める規定（4条4項3号）があり、原告はこの場合に該当するので支給は認められないとして、原告の請求を退けた。

　そこで、原告は、県知事を相手取り、児童扶養手当法のこの併給禁止規定が日本国憲法14条の平等条項や同25条の生存権条項等に反するとして、受給資格認定請求の却下処分取り消しを求めて裁判を起こした。

　最高裁は「公的年金相互間における併給調整を行うかどうか」も「立法府の裁量の範囲に属する事柄」であるとした。

## 第2　扶養制度

　民法877条は、「直系血族及び兄弟姉妹は、互いに扶養をする義務がある。　家庭裁判所は、特別の事情があるときは、前項に規定する場合のほか、3親等内の親族間においても扶養の義務を負わせることができる」とするほか、同752条は「夫婦は同居し、互いに協力し扶助しなければならない」と規定する（第2章第3－2参照）。後者は、夫婦間であらゆる面において相互に連携して行う夫婦間の協力扶助義務であり、一般に家族親族間の扶養義務とは異なると理解されている。

　民法上の扶養義務には、身分関係（夫婦、未成年者と親）の本質上当然に認められる「生活保持義務」と、偶然的・例外的に扶養権利者に必要性（扶養必要性）が生じたとき、扶養義務者が自己の地位相当の生活を犠牲にすることなく（扶養可能性）給付する義務を負う「生活扶助義務」があるとされている。

### 1　直系血族間の扶養義務

　直系血族間の扶養義務（民877条1項）には、法定血族間にも扶養義務が発生する。成熟子と老親に対する扶養義務も認められる。未成熟の子が大学に進学し、在学中に成人になり高等教育を受ける場合の親の子に対する扶養義務は、継続する。

## 2　3 親等内の扶養義務

　3 親等内の親族間においては、特別の事情があるときは、扶養の義務を負わせることができる（同条 2 項）。「特別の事情」の存否は、家庭裁判所の判断によるが、その場合の扶養は、よほど已むを得ない事情がない限り認められない。

### （1）扶養義務を認めた裁判例

　ア　新潟家審平 18・11・15（家月 59-9-28）

　　本件は、相手方（扶養義務者）の収入、家族関係、家計の状況等に基づいて、相手方世帯の家計収支と総務省統計局作成の家計調査年報による家計収支とを比較すると、住宅ローンの返済額及び医療費の支出は多いが、世帯人員及び扶養親族が少なくその消費支出は家計調査年報による消費支出より少なくなるはずであること等から、相手方には、生活扶助義務に基づき、相応の扶養料を負担する扶養能力が存するとした事例。

　イ　東京家審平 4・3・23（家月 44-11-90）

　　本件は、日本に在住する台湾籍の成年男性が台湾籍の父を相手方として申し立てた扶養請求事件において、扶養義務の準拠法に関する法律 2 条 1 項本文により、日本民法を適用し、父の生活扶助義務を認めて扶養料の支払を命じた事例。

　ウ　和歌山家審妙寺支部昭 56・4・6（家月 34-6-49）

　　本件は、遺産分割の際、被相続人の実子が、遺産の大半を取得するとともに、継母を扶養することを約したことなどを考慮し、右実子に継母の扶養を命じた事例。

　エ　仙台家審昭 56・3・31（家月 33-12-73）

　　本件は、80 歳の母（老齢福祉年金月額 22,500 円の支給を受ける。生活保護基準は月額 45,210 円）につき、その子の一人（相手方 K は妻と子供一人の家族、建坪約 25.8 坪の自宅保有）に引取扶養を、長女（土地二か所と家屋を所有し、夫の収入（月額約 21 万円）、未成年子 1 名）、二女（自宅及び敷地所有、書道教師月額約 12 万円）、三女（夫は乳牛約 30 頭飼育・酪農業、自身は○○市役所勤務、未成年子 2 名養育）、五女（夫・

〇〇研究所代理店経営、土地、家屋所有、家賃収入月額 3 万円、未成年子二名養育）らには、いずれも申立人に対する扶養料として、月額 4,000円、四女（独身、自宅所有、株式会社〇〇仙台支店勤務、月収約 18 万円）、二男（長男死亡）（土地及び店舗兼住宅取得、八百屋業、他に土地及び貸家、月額 41,000 円の賃料収入、妻及び長男・中学 2 年生 2 男）には、月額 6,000 円の金銭扶養を命じた事例。

オ　東京家審昭 50・7・15（家月 28-8-62）

　本件は、内縁の夫の子であると推定され、これを覆すに足りる特段の事情の認められない事案において、係属中の認知請求訴訟事件の判決をまたないでも、生理的父子関係が認められる以上、右夫の扶養義務があるとして、子の大学卒業時までの生活費及び学費の二分の一相当額の支払を命じた事例。

## （2）扶養義務を認めなかった裁判例

ア　新潟家審佐渡支平 12・3・7（家月 52-8-53）

　本件は、法定の扶養義務者が養子一人のみであるが、養子が数十年来事件本人と音信不通のため、近くに居住する 3 親等内の親族が自己を扶養義務者に指定し、かつ保護者に選任することを求めた事案において、本来の扶養義務者が保護者としての義務を遂行することとができるか問題がなくはないものの、場合によっては市町村長が保護者になり得ることのほか、養子は事件本人の入院等の承諾に関与していること、申立人は事件本人に一度も会ったことがないことなどの事実関係に照らせば、本件において、申立人に扶養義務を負わせてまで同人を保護者に選任しなければならないような特別な事情があるとは認められないとして各申立てを却下した。

イ　大阪家庭審昭 59・3・31（家月 37-1-129）

　本件は、てんかん症で独居している申立人が、兄弟等に対し時々来訪し、身辺の世話をしてくれるように求めた扶養申立事件において、右のような身上監護扶養は、扶養義務者が扶養権利者の身上監護に対し非協力である場合には、審判によってこれを命ずることは相当ではないと判示した上、申立人と相手方らの間には長年の葛藤があり信頼関係が崩

壊していることなどを考慮した事例。

　ウ　新潟家審昭 53・2・3（家月 30-12-61）

　　本件は、父が所在不明で母に生活余力がないため未成年子から父方祖父母に扶養料の支払いを求めた事案について、祖父母は孫に対し父母に次いで二次的な扶養義務を負担すると解すべきところ、申立人の父母には申立人を扶養する余力はないものと認められるが、祖父母においても収入額はその最低生活費を下回り、申立人に対する具体的扶養義務を果たし得ない以上、申立人は公的扶助に期待するほかはない、とした事例。

　エ　熊本家審昭 50・4・12（家月 28-7-51）

　　熊本家裁は、離婚の際、親権者と定められなかつた母に対する子からの扶養料請求事件において、子は施設で安定した生活をしていること、母は再婚し、その生活程度は親権者たる父のそれよりやや上位とはいえさして差はないこと、母自身には収入がなく、夫の助力なくしては扶養料を負担することができず、母に扶養料支払義務を負わせることになれば婚姻生活が破綻するおそれさえあること等の事情の下では、母に扶養料を負担させることはできない、とした。

## 3　扶養の順位

　扶養をする義務のある者が数人ある場合において、扶養をすべき者の順序について、当事者間に協議が調わないとき、又は協議をすることができないときは、家庭裁判所が、これを定める。扶養を受ける権利のある者が数人ある場合において、扶養義務者の資力がその全員を扶養するのに足りないときの扶養を受けるべき者の順序についても、同様とする（民 878 条）。

　養親は未成熟子の福祉と利益のためにその扶養を含めて養育を全面的に引受けるという意思のもとに養子縁組をしたと認めるのが相当である場合、このような当事者の意思及び養子制度の本質からいって、事件本人に対する扶養義務は先ず第一次的に養親に存し、実親は、養親には資力がない等の理由によって充分に扶養義務を履行できないときに限り第

二次的に扶養義務（生活保持義務）を負う（長崎家審昭 51・9・30（家月 29-4-141）。

## 4　扶養の程度

　扶養の程度又は方法について、当事者間に協議が調わないとき、又は協議をすることができないときは、扶養権利者の需要、扶養義務者の資力その他一切の事情を考慮して、家庭裁判所が、これを定める（民 879 条）。

## 第3　生活保護制度

　平成 28 年 1 月, 全国の生活保護世帯数は 163 万 3301（1984 年 78 万 7758、1992 年 58 万 4821、2006 年 107 万 3659）、保護人員は 216 万 3394 人（1995 年 88 万 2229 人、2006 年 151 万 3892 人、2009 年 163 万 3036 人）である。保護世帯や被保護者の社会的特質に着目してみると、稼働年齢層や母子世帯は減少傾向にあるものの、高齢者世代は顕著に増加しているといわれる。参考までに、大阪市の生活保護世帯は 11 万 7079、保護人員 14 万 6835 人、保護率が高い理由を、失業率が高い、離婚率が高い、高齢者世帯が多い、あいりん地区の存在を自己評価として挙げている[1]。

　ところで、総務省の就業構造基本調査と、厚生労働省が生活保護費受給世帯を調べた被保護者調査を基にした山形大人文学部の戸室健作准教授のレポートによると、生活保護基準以下の収入で暮らす子育て世帯（収入が生活保護費の受給対象となる最低生活費以下で、18 歳未満の子どもがいる世帯を貧困状態と定義）の割合は 2012 年、全国では 13.8％となり、過去 20 年間で倍増した。1992 年から 2012 年まで 5 年ごとのデータを用いて分析した。

　92 年に 5.4％だった貧困率は、12 年には 13.8％に上昇、都道府県ごとの差は年々縮まる一方、全国で貧困率が上がり、状況は悪化しているという[2]。

---

1　大阪市福祉局生活福祉部保護課保護グループ。
2　2016 年 03 月 25 日河北新報参照。

## 1　生活保護法の制定

（1）戦後（昭 25 年）、生活保護法は「日本国憲法第 25 条 に規定する理念に基き、国が生活に困窮するすべての国民に対し、その困窮の程度に応じ、必要な保護を行い、その最低限度の生活を保障するとともに、その自立を助長することを目的（生保 1 条）として制定された。 生活保護法は、引き続き、3 つ保護の原理を謳っている。

　ア　無差別平等の原理　　すべての国民は、この法律の定める要件を満たす限り、この法律による保護を、無差別平等に受けることができる（同 2 条）。

　イ　最低生活保障の原理　　この法律により保障される最低限度の生活は、健康で文化的な生活水準を維持することができるものでなければならない（同 3 条）。したがって、生活保護の要否の基準は、「健康で文化的な生活水準」におかれ、財政論や生活困窮者との比較によるものではないことになる。

　ウ　補足性の原理　　生活保護はその家庭で利用できる資金や年金・手当・給付金など他の制度による給付、親子などの扶養援助、自分たちの働く能力などあらゆるものを活用しても、なお生活できないときに行われる（同 4 条 1 項）。

（2）かつて、保護の要否は、勤労意欲や素行不良を欠格事由として設けていたが、今日「生活に困窮する者が、その利用し得る資産、能力その他あらゆるものを、その最低限度の維持のために活用することを要件として行われ」、民法に定める扶養義務者の扶養及び他の法律に定める扶助は、すべてこの法律による保護に優先して行われる。 なお、急迫した事由がある場合に、必要な保護を行うことを妨げるものではない（同 4 条 3 項）。

　生活保護の財源は国及び地方公共団体の支出によって賄われる。生活保護法制定当時（1950 年）の国の負担割合は 80％であったが、1989 年以降 75％とされている。

## 2　社会福祉事務所の役割

### （1）保護決定実施機関

　生活保護法により、都道府県知事、市長及び社会福祉法に規定する福祉に関する事務所（以下「福祉事務所」という。）を管理する町村長は、①その管理に属する福祉事務所の所管区域内に居住地を有する要保護者、②居住地がないか、又は明らかでない要保護者であって、その管理に属する福祉事務所の所管区域内に現在地を有するものに対して、保護を決定し、かつ、実施する（同19条）。

　市は条例で、福祉事務所[3]を設置しなければならず（社福14条1項）、町村長も福祉事務所を設置できるが（同条3項）、設置している町村は20（全国1237）にすぎず、都道府県が条例で設置している。したがって、保護の決定及び実施機関は、所長並びに査察指導員、ケースワーカー及びその他事務員で構成される社会福祉事務所が担うことになる。

　ア　所長は、都道府県知事又は市町村長（特別区の区長を含む。以下同じ。）の指揮監督を受けて、所務を掌理する。

　イ　指導監督を行う所員は、所の長の指揮監督を受けて、現業事務の指導監督をつかさどる。

　ウ　ケースワーカー（現業所員）は、所の長の指揮監督を受けて、援護、育成又は更生の措置を要する者等の家庭を訪問し、又は訪問しないで、これらの者に面接し、本人の資産、環境等を調査し、保護その他の措置の必要の有無及びその種類を判断し、本人に対し生活指導を行う等の事務をつかさどる。

　ケースワーカーの数は法定されており、以下の基準による（社福16条）。

　（a）都道府県の設置する事務所にあっては、生活保護法の適用を受ける被保護世帯（以下「被保護世帯」という。）の数が390以下であるときは、6とし、被保護世帯の数が65を増すごとに、これに1を加えた数

---

3　福祉事務所という名称は形式的なものにすぎず、実際は「福祉センター」や「保護課」の名称が用いられることかも少なくない。福祉事務所の役割は、生活保護のみならず、児童福祉法、母子及び寡婦福祉法、老人福祉法、身体障碍者福祉法、知的障碍者福祉法に定める事項を掌る（生活保護法を含め福祉六法という）。

　（ｂ）市の設置する事務所にあっては、被保護世帯の数が 240 以下であるときは、3 とし、被保護世帯数が 80 を増すごとに、これに 1 を加えた数

　（ｃ）町村の設置する事務所にあっては、被保護世帯の数が 160 以下であるときは、2 とし、被保護世帯数が 80 を増すごとに、これに 1 を加えた数

　エ　事務を行う所員は、所の長の指揮監督を受けて、所の庶務をつかさどる。

（2）生活保護費に纏わる事件

　生活保護受給に関わる不正は後を絶たず、年間 43,000 件程度（2013 年）に及ぶ。自治体の中には、大阪市のように、不正受給事件を積極的に告示するものもある（HP 参照）。また、社会福祉事務所の不適切な指導により、生活保護費を受給できなかった事例も多々ある。その中から、注目された事件の一部を紹介する。

　〈滝川市生活保護費不正受給事件〉　　2006 年、首謀者である暴力団の組員が札幌市から滝川市へ転入（延べ床面積約 130 平方メートルの 2 階建てで、広い庭とガレージ）。その際、病気を理由に生活保護の認定を受け、やがて病気の治療に滝川市から北大附属病院まで介護タクシー通院名目で 1 回当たり約 30 万円の交通費を滝川市に請求し、受給するようになり、請求額は、2007 年 11 月までの間に約 2 億円に達した（ほぼ全額が回収不能）。

　〈福岡県中間市生活保護費不正受給事件〉　　福岡県中間市市職員のケースワーカー（元プロ野球選手）が、他の職員らと共謀して 2010 年 7 月〜11 年 6 月、福岡市居住の女（44 歳）＝詐欺罪で有罪判決＝の住所を偽るなどし、生活保護費や家屋の修繕費名で金銭をだまし取った事件。

　〈足立区生活保護費不正受給事件〉　　平成 22 年 3 月、A 及び B（夫婦）は、生活困窮しているとして福祉事務所へ生活保護を申請し、福祉事務所は、資産調査において預貯金もなく要保護状態であったため、当該世帯に対し生活保護の開始を決定した。その後、福祉事務所では収入調査やケースワーカーによる訪問調査を行っているが、この夫婦の収入

があること、また二人が贅沢な生活をしているような状況を確認できなかった。平成25年7月、妻が竹ノ塚駅近くの飲食店で働いているなどの情報を警視庁竹の塚警察署から得て、足立区は警視庁竹の塚警察署へ告訴状を提出、平成26年2月に生活保護廃止。

（3）三郷生活保護事件（さいたま地判平25・2・20判時2196-52）

　2004年末、4人家族（夫と妻子3人）の大黒柱のAが急性骨髄性白血病で急変。妻Bは、緊急入院したAの介護のため毎日病院に通う中、夫を失う恐怖と不安で精神を病み、精神科に通院を開始した。そのため、一家の生活は、派遣労働者の長男にのしかかったが、フルタイムで稼働しても約10万円、家族の生活を維持できず、2005年1月には、一家は家賃と入院費を払えなくなった。妻は度々、三郷市役所の生活保護窓口に足を運んだが、職員から「働きなさい」「自分でどうにかするしかない」「親族に助けてもらいなさい」等と言われ、生活保護の申請さえ拒否された。2006年6月、弁護士が同行してようやく一家の生活保護が開始されたが、三郷市保護課はその直後から、一家に市外への転出を強力に勧めるようになる。そして、転出先が決まった8月末、「転居後は保護を受けないように」と念押しした上で母子を保護の対象から外し、Aが一時的に退院した9月11日、保護を全面的に廃止した。

　そこで、A夫婦は、2007年7月11日、三郷市を相手取り、受給できなかった16ヶ月分の保護費相当額と慰謝料の支払いを求め、さいたま地裁に提訴した。市側は、女性とは面会しただけで、申請を受けたという認識はないなどと主張。裁判で係争中の2008年3月末、Aは50歳で死去したが、さいたま地裁は市に対して530万円余りを支払うよう命じた。

## 3　生活保護手続
### （1）生活保護開始要件

　生活保護開始要件は、（a）日本国民又は一定範囲の外国人（後記）であること、（b）申請者からの生活保護申請があること（又は窮迫状況にあること）（後記）、（c）保護基準が認定収入額を上回ること、（d）能力・資産の活用がなされていることの4つである。したがって、住民票

がないことや、住居がないこと、高額家賃住宅に居住していること、借金があること、税金を滞納していることは、保護開始の要件ではない。

（2）外国人の扱い

　旧生活保護法は「生活の保護を要する状態にある者」（1条）を保護の対象としていたため、日本国在住の外国人もこれに該当したが、現行法は「すべての（の）国民」（生保1、2条）としたため、在留外国人は保護の対象にならなくなった。しかし、昭和29年5月8日、厚生省において、各都道府県知事に宛てて「生活に困窮する外国人に対する生活保護の措置について」と題する通知（昭和29年社発第382号厚生省社会局長通知。以下「本件通知」という。）が発出され、以後、本件通知に基づいて外国人に対する生活保護の措置が行われている。ただし、行政措置は権利に裏打ちされたものではなく、したがって行政訴訟の救済を受けることができない。

　既に、最判平13・9・25（訟月49-4-1273）は、不法在留外国人である者が交通事故で重傷を負ったために医療費などが支払えないとして生活保護申請したところ、却下処分を受けたため、その取消しを求めた訴訟において、不法在留外国人は保護の対象にならず、これは不当な差別的取扱いには当たらないから、憲法14条1項に違反しないとしていた。

　本件通知は、外国人は生活保護法の適用対象とはならないとしつつ、当分の間、生活に困窮する外国人に対しては日本国民に対する生活保護の決定実施の取扱いに準じて必要と認める保護を行うものとし、その手続については、当該外国人が要保護状態にあると認められる場合の保護実施機関から都道府県知事への報告、当該外国人がその属する国の代表部等から必要な保護等を受けることができないことの都道府県知事による確認等を除けば、日本国民と同様の手続によるものとしている。

　平成2年10月、厚生省において、本件通知に基づく生活保護の対象となる外国人の範囲について、本来最低生活保障と自立助長を趣旨とする生活保護が予定する対象者は自立可能な者でなければならないという見地からは外国人のうち永住的外国人のみが生活保護の措置の対象となるべきであるとして、出入国管理及び難民認定法別表第2記載の外国人（以

下「永住的外国人」という。）に限定する旨の取扱いの方針が示された。

（3）申請保護の原則

　生活保護は、要保護者、その扶養義務者（民 877 条）又はその他の同居の親族（6 親等内の血族 、配偶者 、3 親等内の姻族。同 725 条）の申請に基づいて開始するものとする。但し、要保護者が急迫した状況にあるときは、保護の申請がなくても、必要な保護を行うことができる（「職権による保護の開始」生保 7 条、25 条 1 項）。

　保護申請は口頭でもよく、保護を利用したいという意思表示が福祉事務所に到達すれば、保護申請は完了する（行手 7 条）。とはいうものの、「法 24 条 1 項は「保護の実施機関は, 保護の開始の申請があったときは, 保護の要否, 種類, 程度, 及び方法を決定し, 申請者に対して書面をもって, これを通知しなければならない。」と規定しているが、これは法 7 条に規定する保護の申請があった場合における保護の実施機関の処理手続を明確に定め、その敏速確実な処理を期するものであると解される。このように、保護の開始の申請は、保護実施機関に一定の作為義務を課するものであるから、保護の開始の申請があったというためには、単に申請者において申請意思を有していたというのみでは足らず、申請者において申請の表示行為を行う必要がある」（大阪高判平 13・10・19 訟月 49-4-1280）。

　福祉事務所は申請のあった日から 2 週間以内に、申請者に対し、書面に理由を付して決定を行わなければならない（生保 24 条 3・4・5 項）。ただし、資産状況の調査に日時を要する等特別な理由がある場合には、前記期間を 30 日まで延長できるとされている（同条 3 項但書）。

（4）保護の原則

　生活保護は世帯の事情にあわせ、最低限度の生活を維持するため必要な出費について認められる（「必要即応の原則」同 9 条）。生活保護は世帯（同じ家に生活している人々）全体を対象として、保護が必要かどうか決定される（「世帯単位の原則」同 10 条）。

　ア　保護を要する状態にあること

　（a）保護単位　　保護は、世帯を単位としてその要否及び程度を定

める。但し、これによりがたいときは、個人を単位として定めることができる（世帯分離）（同 10 条但）。

　（b）基準及び程度の原則　　保護は、厚生労働大臣の定める基準により測定した要保護者の需要を基とし、そのうち、その者の金銭又は物品で満たすことのできない不足分を補う程度において行うものとする。この保護基準は、要保護者の年齢別、性別、世帯構成別、所在地域別その他保護の種類に応じて必要な事情を考慮した最低限度の生活の需要を満たすに十分なものであって、且つ、これをこえないものでなければならない（同 8 条）。

　イ　能力・資産の活用がなされていること

　（a）稼働能力の活用

　（b）資産の活用　　（ i ）現金・預貯金の保有は、生活保護申請時において、その世帯の 1 か月の保護基準の半分が認められている。（ ii ）また、原則として、居住用不動産の保有も認められる。しかし、不動産の処分価値が利用価値と比較して著しく大きい場合や住宅ローン付不動産（ローンの目安として期間 5 年以内、生活扶助基準の 15%を上回らないこと、残額 300 万円以下）については認められない。（ iii ）車は原則保有が認められないが、処分価値と利用価値との比較、地域低所得者層との均衡、最低生活維持のための利用等の観点から認められることもある。（ iv ）生命保険　　保護申請時の解約返戻金額が、30 万円以下または最低生活費の約 3 か月分であれば、保有は認められる。

　（5）調　　査　　保護申請がなされると、保護の実施機関は、必要があると認めるときは、要保護者の資産及び収入の状況、健康状態その他の事項を調査するために、厚生労働省令で定めるところにより、当該要保護者に対して、報告を求め、若しくは当該職員に、当該要保護者の居住の場所に立ち入り、これらの事項を調査させ、又は当該要保護者に対して、保護の実施機関の指定する医師若しくは歯科医師の検診を受けるべき旨を命ずることができる（同 28 条）。

　さらに、保護の実施機関及び福祉事務所長は、必要があると認めるときは、官公署、日本年金機構若しくは共済組合等に対し、必要な書類の

閲覧若しくは資料の提供を求め、又は銀行、信託会社、雇主その他の関係人に、報告を求めることができる（同 29 条）。

## 4　保護の開始

### （1）生活保護の種類

　生活扶助は保護開始要件の充足により保護が開始される。生活扶助は、困窮のため最低限度の生活を維持することのできない者に対して、

①　生活扶助（同 12 条）　　衣食その他日常生活の需要を満たすために必要なもの、移送

②　教育扶助（同 13 条）　　義務教育に伴って必要な教科書その他の学用品、義務教育に伴って必要な通学用品、学校給食その他義務教育に伴って必要なもの

③　住宅扶助（同 14 条）　　住居、補修その他住宅の維持のために必要なもの

④　医療扶助（同 15 条）　　診察、薬剤又は治療材料、医学的処置、手術及びその他の治療並びに施術、居宅における療養上の管理及びその療養に伴う世話その他の看護、病院又は診療所への入院及びその療養に伴う世話その他の看護、移送

⑤　介護扶助（同 15 条の 2）　　居宅介護、福祉用具、住宅改修、施設介護、介護予防、介護予防福祉用具、介護予防住宅改修、介護予防・日常生活支援、移送

⑥　出産扶助（同 16 条）　　分べんの介助、分べん前及び分べん後の処置、脱脂綿、ガーゼその他の衛生材料

⑦　生業扶助（同 17 条）　　生業に必要な資金、器具又は資料、生業に必要な技能の修得、就労のために必要なもの

⑧　葬祭扶助（同 18 条）　　検案、死体の運搬、火葬又は埋葬、納骨その他葬祭のために必要なもの

以上の範囲内で行われるが、それぞれの扶助は、要保護者の必要に応じ、単給又は併給として行われる（同 11 条）。

### （2）保護の方法

　ア　居宅原則　　生活扶助は、被保護者の居宅において行うのを原則
とするが、これによることができないとき、これによっては保護の目的
を達しがたいとき、又は被保護者が希望したときは、被保護者を救護施
設、更生施設若しくはその他の適当な施設に入所させ、若しくはこれら
の施設に入所を委託し、又は私人の家庭に養護を委託して行うことがで
きる（同 30 条 1 項）。
　イ　金銭給付の原則　　生活扶助は、金銭給付（金銭の給与又は貸与
によって、保護を行うことである。6 条 4 項）によって行うものとする。
ただし、これによることができないとき、これによることが適当でない
とき、その他保護の目的を達するために必要があるときは、現物給付に
よって行うことができる。生活扶助のための保護金品は、1 月分以内を限
度として前渡しするものとする。但し、これによりがたいときは、1 月分
をこえて前渡しすることができる（同 31 条 1 〜 3 項）。居宅において生活
扶助を行う場合の保護金品は、世帯単位に計算し、世帯主又はこれに準
ずる者に対して交付するものとする。ただし、これによりがたいときは、
被保護者に対して個々に交付することができる。
　ウ　現物給付　　「現物給付」とは、物品の給与又は貸与、医療の給
付、役務の提供その他金銭給付以外の方法で保護を行うことをいう（同 6
条 5 項）。医療扶助は、現物給付によって行うものとする。但し、これに
よることができないとき、これによることが適当でないとき、その他保
護の目的を達するために必要があるときは、金銭給付によって行うこと
ができる（同 34 条 1 項）。また、介護扶助は、現物給付によって行うも
のとする。ただし、これによることができないとき、これによることが
適当でないとき、その他保護の目的を達するために必要があるときは、
金銭給付によって行うことができる（同 34 条の 2 第 1 項）。

資料①

# 婚　姻　届

<table>
<tr><td>受理</td><td>平成</td><td>年</td><td>月</td><td>日</td><td>発送</td><td>平成</td><td>年</td><td>月</td><td>日</td></tr>
<tr><td></td><td>第</td><td></td><td>号</td><td></td><td></td><td></td><td></td><td></td><td>長印</td></tr>
<tr><td>送付</td><td>平成</td><td>年</td><td>月</td><td>日</td><td></td><td></td><td></td><td></td><td></td></tr>
<tr><td></td><td>第</td><td></td><td>号</td><td></td><td></td><td></td><td></td><td></td><td></td></tr>
<tr><td>書類調査</td><td>戸籍記載</td><td>記載調査</td><td>調査票</td><td>附票</td><td>住民票</td><td>通知</td></tr>
</table>

平成21年1月28日届出

東京都千代田区　長　殿

|  | 夫 に な る 人 | 妻 に な る 人 |
|---|---|---|
| (1) 氏名 （よみかた） | みんじ じろう　民事 次郎 | ぜいむ みき　税務 美紀 |
| 生年月日 | 昭和51年2月2日 | 昭和54年1月10日 |
| (2) 住所 （住民登録をしているところ） | 東京都千代田区霞が関　1丁目1番1号　世帯主の氏名 民事 寿一郎 | 東京都杉並区高木木　1丁目1番地　世帯主の氏名 戸籍 弘 |
| (3) 本籍 （外国人のときは国籍だけを書いてください） | 東京都千代田区丸の内　1丁目1番地　筆頭者の氏名 民事 寿一郎 | 東京都千代田区千早町　1丁目1番地　筆頭者の氏名 戸籍 弘 |
| 父母の氏名 父母との続き柄 （他の養父母は その他の欄に 書いてください） | 父 民事 寿一郎　長男　母 和子 | 父 戸籍 弘　長女　母 恵 |
| (4) 婚姻後の夫婦の 氏・新しい本籍 | ☑夫の氏　□妻の氏　新本籍 東京都千代田区丸の内1丁目 | |
| (5) 同居を始めた とき | 平成21年1月（結婚式をあげたとき、または、同居を始めたときのうち早いほうを書いてください） 年　月 | |
| (6) 初婚・再婚の別 | ☑初婚　再婚（□死別　□離別　年　月　日） | |
| (7) 同居を始める 前の夫妻の それぞれの世帯の おもな仕事 | □1.農業だけまたは農業とその他の仕事を持っている世帯　□2.自由業・商工業・サービス業等を個人で経営している世帯　□3.企業・個人商店等（官公庁は除く）の常用勤労者世帯で勤め先の従業者数が1人から99人までの世帯（日々または1年未満の契約の雇用者は5）　□4.3にあてはまらない常用勤労者世帯及び会社団体の役員の世帯（日々または1年未満の契約の雇用者は5）　□5.1から4にあてはまらないその他の仕事をしている者のいる世帯　□6.仕事をしている者のいない世帯 | |
| 夫妻の職業 | 年　月1日から翌年3月31日までに届出をするときだけ書いてください（国勢調査の年…） | |
| (8) その他 | 夫の職業 | 妻の職業 |
| 届出人署名押印 | 夫 民事 次郎　印 | 妻 戸籍 美紀　印 |
| 事件簿番号 | | |
| 住定年月日 | 年　月　日 | |

## 記入の注意

鉛筆や消えやすいインキで書かないでください。

この届は、あらかじめ用意し、結婚式をあげる日または同居を始める日に出すようにしてください。その日が日曜日や祝日でも届けることができます。（この場合、宿直等で取扱うので、窓口まで戸籍担当係で調べて調べておいて下さい）

届書は、1通さしつかえありません。

この届書を本籍地でない役場に出すときは、戸籍全部事項証明書が必要ですから、あらかじめ用意してください。

|  | 証 人 | |
|---|---|---|
| 署名押印 | 甲山 幸助　印 | 乙川 竹子　印 |
| 生年月日 | 昭和10年6月10日 | 昭和12年8月30日 |
| 住所 | 東京都中野区野方　1丁目1番1号 | 東京都渋谷区若林　1丁目1番地 |
| 本籍 | 東京都杉並区高木木　1丁目1番 | 東京都千代田区永田町　1丁目1番 |

「筆頭者の氏名」には、戸籍のはじめに記載されている人の氏名を書いてください。

父母が婚姻中（夫婦である）ときは、母の氏は書かないで、名だけを書いてください。養父母については他の欄に同じように書いてください。

□には、あてはまるものにこのように☑印をつけてください。

外国人と婚姻する人が、まだ戸籍の筆頭者となっていない場合には、新しい戸籍がつくられますので、希望する本籍を書いてください。

再婚のときは、直前の婚姻について書いてください。

内縁のものは、あてはまりません。

届け出られた事項は、人口動態調査（統計法に基づく指定統計第5号、厚生労働省所管）にも用いられます。

◎ 署名は必ず本人が自署してください
◎ 印は各自別々の印を押してください
◎ 届出人の印を御持参下さい

連絡先　電話（　）　番　方

自宅・勤務先・呼出

187

# 離婚届

平成 24 年 4 月 10 日届出

東京都千代田区長 殿

| | | | |
|---|---|---|---|
| 受理 | 平成　年　月　日 | 発送 | 平成　年　月　日 |
| | 第　　　号 | | |
| 送付 | 平成　年　月　日 | | 長　印 |
| | 第　　　号 | | |
| 書類調査 | 戸籍記載 | 記載調査 | 調査票 | 附票 | 住民票 | 通知 |

| | | 夫 | 妻 |
|---|---|---|---|
| (1) | 氏名<br>（よみかた） | みんじ<br>民事 太郎 | みんじ<br>民事 花子 |
| | 氏 名 | 昭和 55 年 1 月 1 日 | 昭和 55 年 3 月 3 日 |
| | 生年月日 | | |
| | 住所<br>（住民登録をして<br>いるところ） | 東京都千代田区田原命ロ関<br>番地<br>1丁目　　番 1 号 | 沖縄県那覇市前内<br>番地<br>17丁目　番 1 号 |
| | 世帯主の氏名 | 民事 太郎 | 民事 花子 |
| (2) | 本籍<br>（外国人のときは<br>国籍だけを書い<br>てください） | 東京都千代田区田原命ロ内1丁目<br>番地<br>番 | 東京都千代田区田原命ロ内1丁目<br>番地<br>番 |
| | 筆頭者の氏名 | 民事 太郎 | |
| (3) | 父母の氏名<br>父母との続き柄<br>（他の養父母は<br>その他の欄に書<br>いてください） | 父 民事 一郎<br>母　　　　　　　　ー3 | 続き柄<br>長男 |
| | | | 父 戸籍 不太郎<br>母　　　　　 | 続き柄<br>長女 |
| (4) | 離婚の種別 | ☑協議離婚<br>□調停　　□和解<br>□請求の認諾<br>□審判　　□判決 | 年　月　日成立<br>年　月　日確定 |
| (5) | 婚姻前の氏に<br>もどる者の本籍 | ☑夫 ☐もとの戸籍にもどる<br>☐妻 ☑新しい戸籍をつくる | 東京都千代田区田原命ロ内1丁目<br>番地<br>番<br>筆頭者<br>の氏名 戸籍 不太郎 |
| (6) | 未成年の子の氏名 | 夫が親権を行う子 | 妻が親権を行う子 民事 花子 |
| (7) | 同居の期間 | 平成 19 年　月から<br>平成 24 年　月まで<br>（同居を始めたとき）　（別居したとき） | |
| (8) | 別居する前の<br>住所 | 東京都千代田区田原命ロ関1丁目<br>番地<br>番　　号 | |
| (9) | 別居する前の<br>世帯のおもな<br>仕事と | 1.農業だけまたは農業とその他の仕事を持っている世帯<br>☐2.自由業・商工業・サービス業等を個人で経営している世帯<br>☐3.企業・個人商店等（官公庁は除く）の常用勤労者世帯で勤め先の従業者数が1人から99人までの世帯（日々または1年未満の契約の雇用者は5）<br>☐4.3にあてはまらない常用勤労者世帯及び会社団体の役員の世帯（日々または1年未満の契約の雇用者は5）<br>☐5.1から4にあてはまらないその他の仕事をしている者のいる世帯<br>☐6.仕事をしている者のいない世帯 | |
| (10) | 夫妻の職業 | （国勢調査の年…　　年…の4月1日から翌年3月31日までに届出をするときだけ書いてください）<br>夫の職業 | 妻の職業 |
| | その他 | | |
| 届出人署名押印 | 夫　民事 太郎　印 | 妻　民事 花子　印 |
| 事件簿番号 | | |

| | | 証　　人　　（協議離婚のときだけ必要です） |
|---|---|---|
| 署押 | 名印 | 甲山 秀助　印　乙川 竹子　印 |
| | 生年月日 | 昭和 13 年 6 月 10 日　昭和 15 年 8 月 30 日 |
| | 住所 | 東京都中野区野方　東京都世田谷区尾所<br>番地　　　　　　　 番地<br>1丁目 34 番 1 号　4丁目 31 番 8 号 |
| | 本籍 | 東京都杉並区向ノ　東京都千代田区未　町<br>番地　　　　　　 番地<br>2丁目　　番　　 1丁目　　番 |

父母がいま結婚しているときは、母の氏は書かないで、名だけを書いてください。

養父母について書くときも同じように書いてください。

□には、あてはまるものにレ点のように印をつけてください。

今後も婚姻の際に称していた氏を称する場合には、左の欄には記載しないでください（この場合には次の届出書と同時に別の届書を提出する必要があります）。

同居を始めたときの年月、または同居を始めた年月のうち早いほうを書いてください。

届け出られた事項は、人口動態調査（統計法に基づく基幹統計調査、厚生労働省所管）にも用いられます。

## <u>この申立書の写しは，法律の定めるところにより，申立ての内容を知らせるため，相手方に送付されます。</u>
## <u>この申立書とともに相手方送付用のコピーを提出してください。</u>

| 受付印 | 夫婦関係等調整調停申立書　事件名（　　　　　） |
|---|---|
| | （この欄に申立て1件あたり収入印紙1,200円分を貼ってください。） |
| 収入印紙　　　　　円 | |
| 予納郵便切手　　　　円 | （貼った印紙に押印しないでください。） |

| | 家庭裁判所 | 申　立　人 | 印 |
|---|---|---|---|
| | 御中 | （又は法定代理人など） | |
| 平成　　年　　月　　日 | | の記名押印 | |

| 添付書類 | （審理のために必要な場合は，追加書類の提出をお願いすることがあります。）<br>□ 戸籍謄本（全部事項証明書）（内縁関係に関する申立ての場合は不要）<br>□ （年金分割の申立てが含まれている場合）年金分割のための情報通知書<br>□ | 準　□頭 |
|---|---|---|

| 申立人 | 本　籍<br>（国　籍） | （内縁関係に関する申立ての場合は，記入する必要はありません。）<br>　　　　　　　　都　道<br>　　　　　　　　府　県 | |
|---|---|---|---|
| | 住　所 | 〒　　－ | （　　　　　　　方） |
| | フリガナ<br>氏　名 | | 大正<br>昭和　年　月　日生<br>平成<br>（　　　　　歳） |
| 相手方 | 本　籍<br>（国　籍） | （内縁関係に関する申立ての場合は，記入する必要はありません。）<br>　　　　　　　　都　道<br>　　　　　　　　府　県 | |
| | 住　所 | 〒　　－ | （　　　　　　　方） |
| | フリガナ<br>氏　名 | | 大正<br>昭和　年　月　日生<br>平成<br>（　　　　　歳） |
| 未成年の子 | 住　所 | □ 申立人と同居　　／　　□ 相手方と同居<br>□ その他（　　　　　　　　　　） | 平成　年　月　日生 |
| | フリガナ<br>氏　名 | | （　　　　　歳） |
| | 住　所 | □ 申立人と同居　　／　　□ 相手方と同居<br>□ その他（　　　　　　　　　　） | 平成　年　月　日生 |
| | フリガナ<br>氏　名 | | （　　　　　歳） |
| | 住　所 | □ 申立人と同居　　／　　□ 相手方と同居<br>□ その他（　　　　　　　　　　） | 平成　年　月　日生 |
| | フリガナ<br>氏　名 | | （　　　　　歳） |

（注）太枠の中だけ記入してください。未成年の子は，付随申立ての(1),(2)又は(3)を選択したときのみ記入してください。□の部分は，該当するものにチェックしてください。

夫婦(1/2)

資料④

# この申立書の写しは，申立ての内容を知らせるため，相手方に送付されます。

| 受付印 | | |
|---|---|---|

<table>
<tr><td rowspan="2">家事</td><td>□　調停</td><td rowspan="2">申立書　事件名</td><td colspan="2">子の監護に関する処分</td></tr>
<tr><td>□　審判</td><td>□　養育費請求<br>□　養育費増額請求<br>□　養育費減額請求</td></tr>
</table>

（この欄に未成年者1人につき収入印紙1,200円分を貼ってください。）

収入印紙　　　　円

予納郵便切手　　　　円

（貼った印紙に押印しないでください。）

| 家庭裁判所<br>御中<br>平成　　年　　月　　日 | 申　立　人<br>（又は法定代理人など）<br>の記名押印 | |

| 添付書類 | （審理のために必要な場合は，追加書類の提出をお願いすることがあります。）<br>□　未成年者の戸籍謄本（全部事項証明書）<br>□　申立人の収入に関する資料（源泉徴収票，給与明細，確定申告書，非課税証明書の写し等）<br>□ | 準　□　頭 |

**申立人**
住　所　〒　　－　　　　　　　　　（　　　　方）
フリガナ
氏　名　　　昭和・平成　　年　月　日生（　　歳）

**相手方**
住　所　〒　　－　　　　　　　　　（　　　　方）
フリガナ
氏　名　　　昭和・平成　　年　月　日生（　　歳）

**未成年者**

住　所　□申立人と同居／□相手方と同居　□その他（　　）　平成　年　月　日生
フリガナ
氏　名　（　　歳）

住　所　□申立人と同居／□相手方と同居　□その他（　　）　平成　年　月　日生
フリガナ
氏　名　（　　歳）

住　所　□申立人と同居／□相手方と同居　□その他（　　）　平成　年　月　日生
フリガナ
氏　名　（　　歳）

住　所　□申立人と同居／□相手方と同居　□その他（　　）　平成　年　月　日生
フリガナ
氏　名　（　　歳）

（注）太枠の中だけ記入してください。□の部分は，該当するものにチェックしてください。

養育費(1/2)

# <u>この申立書の写しは，申立ての内容を知らせるため，相手方に送付されます。</u>

※　申立ての趣旨は，当てはまる番号を○で囲んでください。　□の部分は，該当するものにチェックしてください。

| 申　立　て　の　趣　旨 |
|---|
| （　□相手方　／　□申立人　）は，（　□申立人　／　□相手方　）に対し，未成年者の養育費として，次のとおり支払うとの（　□調停　／　□審判　）を求めます。 |
| ※　　1　1人当たり毎月　（□　金＿＿＿＿＿＿円　／　□　　相当額　）　を支払う。<br>　　　2　1人当たり毎月金＿＿＿＿＿＿円に増額して支払う。<br>　　　3　1人当たり毎月金＿＿＿＿＿＿円に減額して支払う。 |

| 申　立　て　の　理　由 |
|---|
| 養　育　費　の　取　決　め　に　つ　い　て |
| 1　当事者間の養育費に関する取り決めの有無<br>　　　□あり（取り決めた年月日：平成＿＿年＿＿月＿＿日）　　　□なし<br>2　1で「あり」の場合<br>・　取決めの種類<br>　　□口頭　□念書　□公正証書　┌＿＿＿＿＿家庭裁判所＿＿＿＿＿（□支部／□出張所）<br>　　□調停　□審判　□和解　□判決　→└平成＿＿年(家＿＿)第＿＿＿号<br>・　取決めの内容<br>　　　（□相手方／□申立人）は，（□申立人／□相手方）に対し，平成　　年　　月から<br>　　　　　　　　　　まで，未成年者1人当たり毎月＿＿＿＿＿＿円を支払う。 |
| 養　育　費　の　支　払　状　況 |
| □　現在，1人当たり1か月＿＿＿＿＿＿円が支払われている（支払っている）。<br>□　平成＿＿年＿＿月まで1人当たり1か月＿＿＿＿＿＿円が支払われて（支払って）いたが<br>　　その後（□＿＿＿＿＿＿円に減額された（減額した）。／□　支払がない。）<br>□　支払はあるが一定しない。<br>□　これまで支払はない。 |
| **養育費の増額または減額を必要とする事情（増額・減額の場合のみ記載してください。）** |
| □　申立人の収入が減少した。　　　□　相手方の収入が増加した。<br>□　申立人が仕事を失った。<br>□　再婚や新たに子ができたことにより申立人の扶養家族に変動があった。<br>□　申立人自身・未成年者にかかる費用（□学費　□医療費　□その他）が増加した。<br>□　未成年者が相手方の再婚相手等と養子縁組した。<br>□　その他（＿＿＿＿＿＿＿＿＿＿＿＿＿＿＿＿＿＿＿＿＿＿＿＿＿） |

養育費(2/2)

資料⑤　表１　養育費・子１人表（子０〜１４歳）抜粋

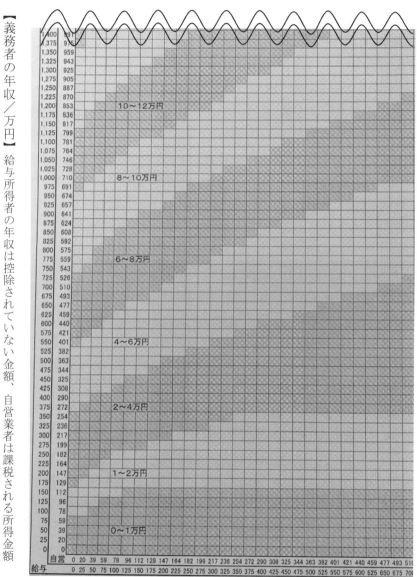

【義務者の年収／万円】給与所得者の年収は控除されていない金額、自営業者は課税される所得金額

【権利者の年収／万円】

192

資料⑥　表3　養育費・子2人表（第1子及び第2子0〜14歳）抜粋

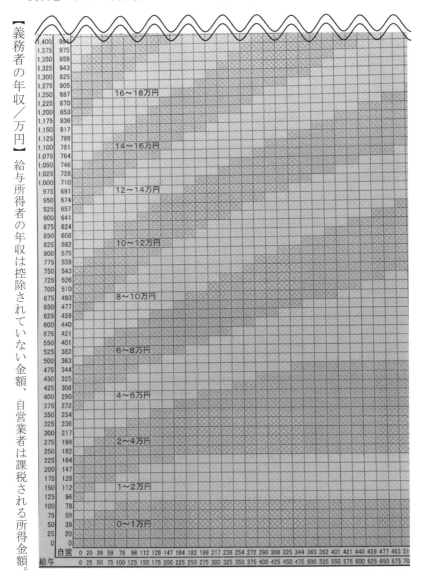

資料⑦

# この申立書の写しは，申立ての内容を知らせるため，相手方に送付されます。

<table>
<tr><td rowspan="3">受付印</td><td colspan="2">□　調停<br>家事　　　　　　　　申立書　　子の監護に関する処分<br>□　審判　　　　　　　　　　　　　　（面会交流）</td></tr>
</table>

| 受付印 | （この欄に未成年者1人につき収入印紙1，200円分を貼ってください。） |
|---|---|
| 収入印紙　　　　　円 | |
| 予納郵便切手　　　円 | （貼った印紙に押印しないでください。） |

| 家庭裁判所<br>　　　　御中<br>平成　年　月　日 | 申　立　人<br>（又は法定代理人など）<br>の　記　名　押　印 | |
|---|---|---|

| 添付書類 | （審理のために必要な場合は，追加書類の提出をお願いすることがあります。）<br>□　未成年者の戸籍謄本（全部事項証明書）<br>□ | 準 □頭 |
|---|---|---|

| 申立人 | 住所 | 〒　　― 　　　　　　　　　　　　　　　　（　　　　　方） | |
|---|---|---|---|
| | フリガナ<br>氏名 | | 昭和<br>平成　年　月　日生<br>（　　　　歳） |
| 相手方 | 住所 | 〒　　― 　　　　　　　　　　　　　　　　（　　　　　方） | |
| | フリガナ<br>氏名 | | 昭和<br>平成　年　月　日生<br>（　　　　歳） |
| 未成年者 | 住所 | □　申立人と同居　／　□　相手方と同居<br>□　その他（　　　　　　　　　） | 平成　年　月　日生 |
| | フリガナ<br>氏名 | | （　　　　歳） |
| | 住所 | □　申立人と同居　／　□　相手方と同居<br>□　その他（　　　　　　　　　） | 平成　年　月　日生 |
| | フリガナ<br>氏名 | | （　　　　歳） |
| | 住所 | □　申立人と同居　／　□　相手方と同居<br>□　その他（　　　　　　　　　） | 平成　年　月　日生 |
| | フリガナ<br>氏名 | | （　　　　歳） |
| | 住所 | □　申立人と同居　／　□　相手方と同居<br>□　その他（　　　　　　　　　） | 平成　年　月　日生 |
| | フリガナ<br>氏名 | | （　　　　歳） |

194

## この申立書の写しは, 申立ての内容を知らせるため, 相手方に送付されます。

(注) □の部分は, 該当するものにチェックしてください。

| 申　立　て　の　趣　旨 |
|---|
| （□申立人　／　□相手方）と未成年者が面会交流する時期, 方法などにつき（　□調停　／　□審判　）を求めます。 |

| 申　立　て　の　理　由 |
|---|
| 申　立　人　と　相　手　方　の　関　係 |
| □　離婚した。　　　　　　　　　　　　　　その年月日：平成　　年　　月　　日<br>□　父が未成年者＿＿＿＿＿＿＿＿＿を認知した。<br>□　婚姻中→監護者の指定の有無　□あり（□申立人　／　□相手方）　／　□なし |
| 未成年者の親権者（離婚等により親権者が定められている場合） |
| □　申立人　　／　□　相手方 |
| 未　成　年　者　の　監　護　養　育　状　況 |
| □　平成　　年　　月　　日から平成　　年　　月　　日まで<br>　　　　　□申立人　／　□相手方　／　□その他（　　　）　のもとで養育<br>□　平成　　年　　月　　日から平成　　年　　月　　日まで<br>　　　　　□申立人　／　□相手方　／　□その他（　　　）　のもとで養育<br>□　平成　　年　　月　　日から現在まで<br>　　　　　□申立人　／　□相手方　／　□その他（　　　）　のもとで養育 |
| 面　会　交　流　の　取　決　め　に　つ　い　て |
| 1　当事者間の面会交流に関する取決めの有無<br>　　□あり（取り決めた年月日：平成＿＿年＿＿月＿＿日）　　□なし<br>2　1で「あり」の場合<br>　・　取決めの方法<br>　　□口頭　□念書　□公正証書　　　　＿＿家庭裁判所＿＿（□支部／□出張所）<br>　　□調停　□審判　□和解　□判決 →　平成＿＿年（家＿＿）第＿＿号<br>　・　取決めの内容<br>　　（＿＿＿＿＿＿＿＿＿＿＿＿＿＿＿＿＿＿＿＿） |
| 面　会　交　流　の　実　施　状　況 |
| □実施されている。<br>□実施されていたが, 実施されなくなった。（平成　　年　　月　　日から）<br>□これまで実施されたことはない。 |
| 本　申　立　て　を　必　要　と　す　る　理　由 |
| □　相手方が面会交流の協議等に応じないため<br>□　相手方と面会交流の協議を行っているがまとまらないため<br>□　相手方が面会交流の取決めのとおり実行しないため<br>□　その他（＿＿＿＿＿＿＿＿＿＿＿＿＿＿＿＿＿＿） |

## 出生証明書

| | | |
|---|---|---|
| 子の氏名 | 民事 優樹 | 男女の別　①男　2女 |
| 生まれたとき | 平成24年 7月10日　午前・⑭　10時30分 | |
| 生まれたところ及びその種別 | 出生したところの種別　①病院　2診療所　3助産所　4自宅　5その他 | |
| | 出生したところ　東京都花花区○門　1丁目1番1号 | |
| | 施設の名称　○○○病院 | |
| 体重及び身長 | 体重 3,400グラム　身長 48.1センチメートル | |
| 単胎・多胎の別 | ①単胎　2多胎（　子中第　子） | |
| 母の氏名　民事 花子 | 妊娠週数　満37週5日 | |
| この母の出産した子の数 | 出生子（この出生子及び出生後に死亡した子を含む）　1人 | |
| | 死産児（妊娠満22週以後）　　胎 | |
| 上記のとおり証明する。　平成24年 7月10日 | | |
| （住所）東京都千代田区大阪町1丁目1番地 | | |
| ①医師　2助産師　3その他 | （氏名）氏務 度　印 | |

## 出生届

平成24年 7月10日届出

東京都千代田区長　殿

| | | | |
|---|---|---|---|
| (1) | 子の氏名　みんじ　民事 優樹 | 父母との続き柄　①男　長　子　②女 | |
| (2) | 生まれたとき　平成24年 7月10日　①午前・午後　10時30分 | | |
| (3) | 生まれたところ　東京都花花区○門　1丁目1番1号 | | |
| (4) | 住所　東京都千代田区大阪丸の内1丁目1番地1号 | | |
| | 世帯主の氏名　民事 不郎　世帯主との続き柄　子 | | |
| (5) | 父母の氏名　父　民事 不郎　母　民事 花子 | | |
| | 生年月日　昭和50年 5月27日（満37歳）　昭和50年 3月6日（満37歳） | | |
| (6) | 本籍　東京都千代田区大阪丸の内1丁目1番地 | | |
| | 筆頭者の氏名　民事 不郎 | | |
| (7) | 同居を始めたとき　平成21年 4月 | | |
| (8) | 子が生まれたときの世帯のおもな仕事と | | |
| (9) | 父母の職業 | | |
| (10) | その他 | | |

届出人　住所　東京都千代田区大阪丸の内1丁目1番地1号

本籍　東京都千代田区大阪丸の内1丁目1番地

署名　民事 不郎　印　昭和50年 5月27日生

196

〈著者紹介〉

齋藤　哲（さいとう　てつ）

略歴

平成 6 年　ケルン大学手続法研究所客員教授
　　　　（文部省若手在外研究員）
平成 11 年　島根大学教授
平成 12 年　家事調停委員
平成 16 年　東北学院大学大学院法務研究科教授
平成 20 年　獨協大学法科大学院教授

現在

獨協大学国際教養学部教授
辯護士（仙台弁護士会）
日本弁護士連合会刑事法制委員会幹事
同共謀罪対策本部委員
同法科大学院センター委員
同法務研究財団法科大学院認証評価委員

主著

市民裁判官の研究（信山社）
ケースメソッド民事訴訟法（共著、不磨書房）ほか

---

**家族と法**

2017（平成 29）年 4 月 1 日　第 1 版第 1 刷発行
3669：P210 ¥1800E-020-080-020

著　者　齋　藤　哲
発行者　今井 貴・稲葉文子
発行所　株式会社　信山社
編集第 2 部

〒113-0033　東京都文京区本郷 6-2-9-102
Tel 03-3818-1019　Fax 03-3818-0344
info@shinzansha.co.jp
笠間才木支店　〒309-1611 茨城県笠間市笠間 515-3
Tel 0296-71-9081　Fax 0296-71-9082
笠間来栖支店　〒309-1625 茨城県笠間市来栖 2345-1
Tel 0296-71-0215　Fax 0296-72-5410
出版契約 No.2017-3669-9-01011　Printed in Japan

◇ 好評の入門シリーズ ブリッジブック ◇

信山社